Sabine Henkes | Albtraum Traumgewicht

AF177301

Liebe Essstörungsbetroffene & Co.!

Ich möchte keine falschen Hoffnungen wecken.
Dieses Buch über mein noch junges Leben
mit Anorexia nervosa und Folgestörungen gehört nicht
eindeutig in die Kategorie der »Mut-mach-Bücher«. Leider.
Es gibt kein Happy End – aber auch kein dramatisches Finale.
Ich habe nur mein »normales« gestörtes Leben
aufgeschrieben. Das war schwierig genug.

Ich habe hinter meine familiären Kulissen und
in die Abgründe meiner psychischen Störungen geblickt.
Das Schreiben hat mir geholfen, klarer zu sehen –
zwei Jahrzehnte zurück und ein bisschen nach vorne.

Allheilmittel, wie man lernt, mit einer Essstörung
(mehr oder weniger gut) zu leben, habe ich nicht.
Jede/r muss wohl seinen eigenen Weg suchen.
Mit viel Glück hat man wohlmeinende, verständnisvolle
und sehr geduldige Menschen um sich. Ich habe dieses Glück.
S. H.

Fast alle in diesem Buch erwähnten Personen
und Institutionen wurden anonymisiert.

Sabine Henkes
mit Andrea Richter

Albtraum Traumgewicht

Mein Weg aus dem Dickicht
von Essstörung
und Therapien

Impressum:
Albtraum Traumgewicht – Mein Weg aus dem Dickicht
von Essstörung und Therapien
© Sabine Henkes
Andrea Richter
Berlin 2016

Lektorat, Satz, Layout, Cover Gestaltung:
Andrea Richter, München
Journalistin, Biografin
www.salon-schwarz-weiss.de
(Mitglied des Deutschen Biographiezentrums
www.biographiezentrum.de)

Umschlaggestaltung unter Verwendung von:
»Butterfly Gandaca harina« © als / fotolia.com
»Mädchen« unbekannter Maler, aus eigenem Besitz
Bei einer versehentlichen Verletzung des Urheberrechts
bitten wir um Benachrichtigung.

Cover Umsetzung:
Grafik Design Sabine Urbas-Plenk, Pullach i. Isartal

Verlag:
tredition GmbH, Hamburg

ISBN: 978-3-7345-4433-0 (Paperback)
ISBN: 978-3-7345-4863-5 (e-book)

Inhalt

Es war einmal – Kein Märchen

»*Es war einmal ... ein junges, hübsches, intelligentes Mädchen. Behütet wuchs es auf mit Eltern, Schwester und den beiden Großmüttern. Die Mutter des Mädchens wurde sehr krank, und die Großmütter starben viel zu früh.*

Aus dem Spieglein an der Wand sprach da die ›Böse Königin Anorexia‹ zu dem Mädchen: ›Du bist nicht die Schönste und Beste und Klügste im ganzen Land. Du bist zu dick!‹

Das Mädchen nahm sich die Worte der Bösen Königin zu Herzen und aß viel weniger. Um all dem Unglück und der Bösen Königin zu entrinnen, reiste es bis ans andere Ende der Welt und verletzte sich dort.

Als das Mädchen zurückkam, aß es noch weniger, wurde immer dünner, bis es schließlich sehr krank war. Ärzte aus dem ganzen Land eilten herbei. Dann kam ein Prinz, und die beiden entbrannten in Liebe. Alle taten ihr Bestes, um dem Mädchen das Leben schmackhaft zu machen. Die Böse Königin aber beharrte auf ihrer Macht: ›Zu dick! Zu dünn! Zur Strafe sollst du jetzt auch gestört sein!‹

Die Böse Königin hexte dem Mädchen Stimmen in den Kopf, auf dass sie immer und überall auf seine Gedanken zugreifen und es steuern konnte. Das Mädchen wusste gar nicht mehr, auf wen es hören sollte. In seiner tiefsten Verzweiflung beschloss das Mädchen zu sterben. Der Prinz und die ganze Familie waren überglücklich, als das Mädchen überlebte. Mit ihrer aller Hilfe nahm es den Kampf gegen die Böse Königin in seine eigenen zarten Hände. Das Mädchen weiß nun, dass es mit Mut und Selbstvertrauen die Verführungsmächte der ›Bösen Königin Anorexia‹ bannen wird. Es sieht bereits den silberhellen Streifen am Horizont.«

Ende des Märchens, das keines ist:

»*Das Mädchen lebt heute mit Prinz und Familie ein maßvolles, bescheidenes, manchmal glückliches und oft zuversichtliches Leben.*«

Vorgeschichten – Fern und nah

2008, 1993-2010

Neuseeland

»Ach, da hat mich nur eine Katze gekratzt. *It doesn't matter.*«

Meine Schwester auf Zeit hört meiner Erklärung schon gar nicht mehr zu. Sie ist mit ihrem Frühstück beschäftigt. Mit Schwung kippt sie Milch über ihr Müsli. Gut so.

Der dünne rote Strich auf meinem Unterarm puckert verlässlich. Noch besser. Der Druck ist weg.

Die Nagelschere auch, in meinem Kulturbeutel.

Erleichtert rede ich weiter: »Ich muss gleich los. Heute fahren wir mit unserem Kurs zum Polyfest der Maori.«

Lory lächelt und sagt mit vollem Mund: »*Have a good time today!*«

Sie hebt den Daumen zur Bekräftigung. »*But don't forget our tennis tournament tomorrow.*«

Tennisturnier?! Oh, das hätte ich fast vergessen. Die Exkursion zum Tanz- und Musikfestival ist mir viel wichtiger. Ich kann schon viele Worte Maori (*Kia Ora Aotearoa* = hallo Neuseeland!) und weiß einiges über die Kultur. Jetzt muss ich sausen – nicht, dass mein Kurs ohne mich fährt. Wie ich mich freue! Es wird sicher ein richtig guter Tag!

*

Das war vor acht Jahren, im Februar 2008, kurz nach meinem 15. Geburtstag in Auckland / Neuseeland. Am anderen Ende der Welt. Ein paar Wochen zuvor war ich, mit meinen erst vierzehn Jahren, am Flughafen Berlin-Tegel in das Flugzeug gestiegen. Meine Traumreise hatte endlich begonnen: ein halbes Schuljahr im Ausland, auf Neuseeland – ganz alleine, ohne meine Eltern, ohne Großeltern, ohne meine ältere Schwester. Heute bin ich dreiundzwanzig und finde, dass ich damals ein ganz schön mutiger Teenager war.

Den Abschied am Flughafen hatten wir – Vater, Mutter, Schwester, Oma und ich – einigermaßen gut hingekriegt: Umarmungen, beste Wünsche, Tränen, Ziehen im Bauch, Winken. Dann einsteigen und anschnallen. Beschleunigung, Fahrwerksrumpeln, Bauchkribbeln und Körperschwere. Wir hoben ab. Aus grauem Nass wurde blaue Luft und Sonne.

Über den Wolken und viele tausend Meter hoch über der Erde durchrauschten mich Kribbelbläschen der Vorfreude. Ich fühlte mich so leicht. Die eingestreuten Angstpiekser waren okay. Ich hatte ja keine Ahnung, was mich wirklich erwarten würde.

Nach über dreißig Flugstunden mit vielen Zwischenstopps war ich dann in Auckland gelandet – eine halbe Weltkugel entfernt von daheim. Hier war jetzt Sommer, meine allerliebste Jahreszeit.

Der Winter – und mit ihm all das Komplizierte, das sich über meine Familie gelegt und in mir zu Klumpen geballt hatte – blieb dort, wo es für mich hingehörte: in Europa, in Berlin, in unserem Haus. Ich wollte nur weg, möglichst weit weg von allem.

Doch mein Seelengepäck war heimlich mit dabei – ultraleicht perfekt getarnt. Selbst ein Flughafenscanner für psychische Belastungen (zum Glück gibt es so eine Maschine nicht) hätte mich als »emotional unbedenklich« durchgewinkt.

So schwebte ich gegen den Lauf der Sonne dem Abenteuer entgegen: ahnungslos, sorgenlos und in heller Erwartung.

*

Gelandet! Auf dem Fließband ruckelt mein Riesenkoffer heran. Es ist unverkennbar meiner: so groß, dass ich mühelos selbst darin Platz gefunden hätte. Er beherbergt meine gesamte Ausrüstung für 183 Tage, für ein ganzes halbes Jahr.

*

Schon Wochen vor dem Abflug war die familiäre Planung ange-
laufen: was ich sicher brauchen würde, was vielleicht, was doch
nicht, welche Gastgeschenke und so weiter. Letztendlich hatte ich
fast alles mitgenommen – für Sommer und Winter, für diverse
Sportarten, dazu Bücher, Walkman, Sonnenschutz, Pass, Visum,
Notgeld, Notessen für unterwegs (Mama und Oma hatten wirklich
für alles gesorgt) und ein paar tröstliche Glücksbringer, auch von
meinen Freundinnen in der Waldorfschule, falls ich mich mal einsam fühle und damit ich sie nicht vergesse.

✳

Jetzt bin ich wirklich gespannt auf meine Gastfamilie. In der mitter-
nächtlichen Ankunftshalle des Flughafens von Auckland sollen sie
mich erwarten. Wer von ihnen wohl kommen wird?
Aber jetzt: nichts. Gähnende Leere. Hinter mir nur hastende Fluggäste,
zwei Flugkapitäne und Stewardessen mit eiernden Rollköfferchen.
Dann sind alle nach draußen verschwunden. Ein Reinigungsfahrzeug
zieht akkurat seine feuchten Bahnen.
Bin ich zu früh gelandet? Oder zu spät? Am falschen Tag? Beim Zoll
war ich einige Zeit steckengeblieben, weil ein Stempel in meinem
Reisepass gefehlt hatte. Ist meine Gastfamilie schon wieder weg?
Mir wird ganz schwach. Aus unerfindlichen Gründen habe ich weder
eine Telefonnummer noch irgendeine Adresse oder Foto zur Hand,
um meine neue Familie zu erkennen. Doch da ist niemand, der auch
nur entfernt in Frage käme.
In deprimierend stummer Gesellschaft meines Monsterkoffers stehe
ich gut sichtbar in der Halle rum – mutterseelenallein. Und genauso
fühle mich: ganz ohne meine Mutter. Plötzlich sehne ich mich heftig
nach ihr. Tränen drücken hoch. Peinlich.
»*Hello, Sabine! Here we are, sorry for being too late! How do you do?*«
Lebhafte Stimmen, alle durcheinander. »*Nice to meet you! Did you*

have a good journey? Now we are your new family!«

»*Thank you, fine, nice to meet you too.*«

Herrje, Schulenglisch, hölzern. Aber ich bin so erleichtert! Mein Gastvater, meine Geschwister auf Zeit – ein Mädchen, zwei Jahre jünger als ich, und ihr sechzehnjähriger Bruder – dazu dessen Freundin, begrüßen mich herzerwärmend freundlich.

In meinem Kopf dreht sich's nervig angespannt weiter: Wohin fahren wir jetzt? In welchem Haus wohnen sie? Werde ich ein eigenes Zimmer haben? Oder eins mit meiner neuen Schwester Lory zusammen? Hoffentlich passt Monsterkoffer ins Auto! Ob ihre Mutter auch nett ist?

Und wieder einmal habe ich mir völlig umsonst Sorgen gemacht: Meine Gastmutter empfängt mich mit gewinnendem Lächeln und fester Umarmung. Sie hatte im Haus schon auf uns gewartet.

Mein Beitrag zur Konversation stagniert auf Erstklässlerniveau: »*Hello … thank you so much … hungry? – only a little bit … yes I'm tired.*«

Den Imbiss kaue und schlucke ich wie ferngesteuert. Unter der heißen Dusche schlafe ich fast im Stehen. Dann darf ich in ein Bett fallen. Tiefschlaf …

Sechzehn Stunden lang. Datum, Uhrzeit, A.M. oder P.M., Jahreszeit, Kontinent, Erde?

Meine inneren Koordinaten liegen noch flach.

Aber ich fühle mich geborgen.

Krähend-quietschige TV-Stimmen aus dem Wohnzimmer, die kenn' ich doch? Ist das nicht … ja, SpongeBob!

Lory, John und ich, alle drei noch im Schlafanzug, rücken auf der Couch vor dem Fernseher zusammen. Dann müssen wir gleichzeitig lachen. Diese Unterwasser-Trickfilmfiguren kennt anscheinend jedes Kind auf der Welt.

»*SpongeBob translatetd in german language, really?!*«

Lory findet das witzig. Ich nicht. Für mich sprach SpongeBob immer Deutsch. Ich finde, dass es auf amerikanisch komisch klingt. Fast so *strange* wie der neuseeländische Englischdialekt der beiden. Mich reitet ein Teufelchen: »*In German SpongeBob means Schwammkopf. Lory, try to say ›Schwammkopf‹.*«

Zugegeben: ein Zungenbrecher. Ich grinse. John, unser jetzt gemeinsamer großer Bruder, auch.

*

Ich lebte mich überraschend schnell ein – in die Familie, in die englische Sprache und in das »verkehrte« Klima: Sommerferien im Januar, das war echt aufregend. Die Schule würde erst in zwei Wochen beginnen. Das hübsche ebenerdige Haus der Familie Butler – ich hatte zum Glück ein eigenes Zimmer – lag traumhaft schön auf der schmalen Halbinsel Bucklands Beach im Osten von Auckland City. Nur ein paar Schritte zum Sandstrand, und schon konnten wir in der weitgeschwungenen Bucht im Pazifischen Ozean schwimmen und jede Menge Spaß haben.

Anfang der zweiten Woche fuhr mein Gastvater mit mir in das Macleans College. Bei den Vorgesprächen und der offiziellen Anmeldung ahnte ich schon, dass hier ein anderer Wind wehen würde, als in der anthroposophischen Schule in Berlin. Schuldirektor und Lehrer waren nett zu mir, aber irgendwie streng. Mit ein paar gezielten Fragen ermittelten sie meinen Wissensstand – und schon war ich in eine 10. Klasse eingeordnet. Zu Hause ging ich erst in die neunte! Alle Schulfächer – *Maths, Science, English* (Muttersprache für alle anderen, Fremdsprache für mich) und die Wahlfächer – wurden natürlich auf Englisch unterrichtet. Ob ich das schaffen würde? Keine Zeit für Zweifel. Welche Wahlfächer ich nehmen würde? Auf die Schnelle entschied ich mich für Französisch, Kunst und Maori.

In Französisch und Kunst war ich gut, und die Kultur und Sprache der Maori, der Ureinwohner Neuseelands, reizten mich, weil ich gar nichts darüber wusste. Aber deshalb war ich ja auch hier.

Die letzten freien Tage vor Schulbeginn vergingen rasend schnell. Tausend neue Eindrücke, keine Zeit zum Denken. Das Leben war hier so anders als in Deutschland, und alle Menschen erschienen mir viel lockerer und spontaner.

Lory und ich fuhren mit der Fähre zu einem Einkaufszentrum zum Shoppen (ein neuer Bikini, mein alter machte keine so gute Figur), dann wieder an den Strand zum Baden, und am Wochenende mit der ganzen Familie nach Auckland City und auf den Mount Eden. Ich war schwer beeindruckt: Die moderne Großstadt Auckland im Norden der neuseeländischen Nordinsel wird eingefasst von zwei Meeren (im Osten der Pazifik, im Westen die Tasmanische See), vielen sandigen Felsbuchten und mehr als vierzig uralten Vulkankegeln. Sabine aus Berlin auf dem »Pazifischen Feuerring«!

So gerne wäre ich weiter auf der Insel herumgereist. Doch der erste Schultag und die Prozedur des Einkleidens rückte näher. Lory und John schlüpften probeweise in ihre Schuluniformen vom letzten Jahr. Alles passte noch. Doch was sollte ich anziehen?

Meine Gastmutter war kurz ratlos: »*Where do we get a school uniform for Sabine? She is such a tall girl!*«

Tatsächlich war ich mit 1,70 Meter groß gewachsen, schmalgliedrig und vor allem schlank (die Waage im Badezimmer musste mir das ab und an bestätigen). Zu meinem Glück war Johns sechzehnjährige Freundin über die Weihnachtsferien aus allem rausgewachsen und schenkte mir ihre komplette Uniform: roter Karorock (knielang), hellblaues Poloshirt (mit gebügeltem Kragen), leuchtendblaues Sweatshirt (links auf der Brust das Schulemblem), blau-weiß-rot gestreifter Schal mit Fransen und ein Paar Sneaker. Optisch war ich jetzt schon ein richtiges *Macleans college girl*. Das gefiel mir – ich wollte dazugehören.

Nun brauchte ich nur noch eins: mein *stationary*. Das ist ein vorgepacktes Paket, prall gefüllt mit allen Schulsachen für ein Semester: Schulbücher, Hefte, Block, Farbstifte, Radiergummi, Lineal usw. Niemand musste sich hier Bücher in der Schule ausleihen und den bunten Arbeitskram in Schreibwarengeschäften selbst zusammenkaufen. Ich fand das praktisch; das neuseeländische Schulsystem schien effektiv zu sein.

Mein erster Schultag war in Ordnung. Ich war die Größte und Älteste in meiner 10. Klasse, da die Kinder in Neuseeland schon mit fünf Jahren eingeschult werden, während ich damals sechseinhalb war.

Meine Mitschülerinnen fanden mich wohl interessant und löcherten mich mit Fragen: »*Oh, you are from Germany, really?! Is it in Europe? How long do you stay? Do you like it here?*«

So viel Freundlichkeit hatte ich nicht erwartet, sicherheitshalber.

Ein Lehrer beendete kurzerhand unser Geplapper. Am College war wirklich Schluss mit dem lockerem Neuseelandleben. Jeden Tag vor Unterrichtsbeginn mussten wir uns in zwei Reihen vor dem Klassenzimmer aufstellen – eine Reihe Jungs, eine Reihe Mädchen. Strenge Kontrollblicke: Saß der Kragen glatt? Blitzte der Rand des T-Shirts raus? Alle Knöpfe geschlossen?

Selbst kleinste Verfehlungen – nicht nur bei der Schuluniform – wurden streng geahndet. Es gab *Housedetentions* und *Principaldetentions*. Ein Junge aus meiner Klasse hatte im Unterricht gegähnt, dafür bekam er eine extra Hausarbeit aufgebrummt. Für stärkere Vergehen gab's Schulstrafen, das hieß Nachsitzen in der Schule nach Ende des Unterrichts um 15 Uhr. Sitzen ist nicht wörtlich zu nehmen, man musste die Klassenräume putzen, saugen und wischen. Die Hausaufgaben mussten natürlich trotzdem noch gemacht werden.

Ich passte mich schnell an und provozierte keine Konflikte – was mir hier nicht einmal schwerfiel. Mit den stets drohenden *Detentions* hatte ich kein Problem, im Gegenteil: Mir imponierte die Klarheit der Verhaltensregeln. Entweder man hielt sich dran oder nicht; die Konsequenzen konnte jeder begreifen.

Wenn ich an unserer Schule zu wild oder zu vorlaut war, trafen mich nur tadelnde Blicke der Lehrer oder ein mildes: »Aber Sabiiine!« Das konnte man getrost ignorieren.

Am College gehörte ich bald dazu und fand tolle Freunde. Das Lernen für *Maths, Science, English, Art* und *Maori* funktionierte gut, weil ich schon immer leicht lernte und mich hier extra reinhängte.

Et le Français? Manchmal war ich nach der Schule so müde, dass ich kaum noch klar denken konnte. Französisch wurde tags auf Englisch gelehrt, bei den Hausaufgaben am späten Nachmittag musste ich zum besseren Verständnis oft erst ins Deutsche übersetzen und dann wieder zurück ins Französische oder Englische. Manchmal war ich ganz wirr im Kopf.

Über die ganzen sechs Monate telefonierte ich jeden Tag mit meiner Mutter am PC per Skype. Sie ist Lehrerin, unterrichtet an einem Gymnasium und kann sehr gut Französisch. Sie half mir bei diesen Hausaufgaben – zu meiner Entlastung und weil es uns freute, zusammen zu arbeiten. Dank der weiträumigen Trennung konnten wir uns fast vertraut unterhalten. Unsere dicken Probleme – ihre und meine und unsere gemeinsamen (ich werde später mehr dazu erzählen) – blieben einfach »auf der Strecke«. Manchmal war ich nach unseren Gesprächen innerlich wie aufgeweicht und hätte heulen können vor Sehnsucht.

*

Im Lauf der ersten vier Wochen auf Neuseeland flaute der Reiz des Neuen naturgemäß etwas ab. Das Leben fühlte sich bald schon ziemlich alltäglich an. Lory, John und ich standen jeden Morgen früh auf, frühstückten zusammen, fuhren mit dem Bus zur Schule, am Nachmittag machte jeder seine Hausaufgaben, dann Abendessen, Fernsehen, Bett. Am Wochenende gemeinsames Einkaufen oder Ausflüge. Der Familienrhythmus war nicht so anders als daheim.

Und doch schlichen sich kleine Irritationen ein. Was ich anfänglich als »exotisch anders« empfunden hatte, verunsicherte mich nun. Nicht viel, aber ein bisschen. Warum aß meine Gastfamilie nie zusammen an einem Tisch? Ob beim Frühstück oder abends oder am Wochenende: Die Eltern saßen am Tisch im Esszimmer, und wir drei Kinder lümmelten im Wohnzimmer auf der Couch mit unseren vollen Tellern. Dabei lief unablässig der Fernseher mit irgendwelchen doofen Serien.

Das gab's bei uns zu Hause nie. Wir vier kochten oft zusammen, aßen gemeinsam am Esstisch, redeten miteinander – und stritten. Hauptsächlich meine Mutter und ich. Ich fand sie ungerecht, weil ich nie etwas recht machte, obwohl ich mich so bemühte (meine Meinung!), und sie kam mit meinen – zugegeben: pubertären – Widerworten nicht klar. Also alles normal, wie in fast allen Familien. In der Familie Butler lebten Eltern und Kinder gutgelaunt, aber, wie es mir schien, etwas zu reibungslos nebeneinander her. Keine gereizten Worte, keine verletzenden Auseinandersetzungen, *no problems at all.* Komisch, dass mich das jetzt störte. Bis ans Ende der Welt war ich ausgewichen, um meinen Frieden zu haben. Hier hätte ich ihn haben können. Der Widerspruch knabberte in mir.

Ich konnte mich wirklich nicht beklagen, denn meine Gastmutter war nett und rücksichtsvoll: Extra für mich kochte sie vegetarisches Essen, obwohl die ganze Familie gern und viel Fleisch aß. Nie im Leben hätte ich Burger oder Steaks oder gar neuseeländische Lämmlein runtergekriegt. Ich war vielleicht zehn Jahre alt, als ich auf einem Bauernhof bei Berlin echte, lebendige Schweine das erste Mal bewusst wahrgenommen hatte.

Es mag kindisch klingen, aber ich war hingerissen, wie sie mit ihren Steckdosenrüsseln am Boden schnoberten, grunzten und mich unter wippenden dreieckigen Ohren mit ihren Äuglein kühl abschätzten. Die hellen, borstigen Wimpern fand ich nicht so toll. Aber schockartig begriff ich den unglücklichen Zusammenhang von »Schwein« und »Wurst«. Ich aß nie wieder etwas, was vorher gegrunzt, gegackert oder gemuht hatte oder stumm blubbernd herumgeschwommen war. Fische, Wasser ... Ich musste an unser Planschbecken im Garten denken, in dem ich schon als kleines Kind so lange rumtobte, bis ich ganz kalt war und Mama mich in den Bademantel kuschelte.

Nun wartete der Ozean direkt vor meiner Nase auf mich – doch Pustekuchen, an Schultagen blieb keine Zeit dafür.

Dann, an einem Donnerstag Ende Februar – es war mein fünfzehnter Geburtstag, meine Freundinnen im College hatten schon Luftballons für mich fliegen lassen –, überraschten mich meine Gasteltern mit einem *extraordinary present*: Zu fünft fuhren wir nach der Schule zu einem Picknick am Pazifik. Ich freute mich riesig.

*

Juhu! Geschmeidig tauche ich unter den Wellen durch, schwimme ziemlich weit raus Richtung Horizont und Sonne, drehe mich auf den Rücken, schaue zurück – die Butlers am Strand sind zu Legomännchen geschrumpft, das ist lustig, ich muss kichern und prusten und lasse mich als »toter Mann« ein bisschen treiben.

Der samtige Druck des Wassers fühlt sich gut an. Ich spüre mich. Hautnah.

»Sabine, please come back!« Es schallt über's Wasser. *»It's time, we have to leave now! In half an hour John wants to meet friends!«*

Mist, gerade jetzt, wo es so schön ist. *»Only a few minutes please!«*

Langsam paddle ich Richtung Strand. Bloß keine übertriebene Eile. Schließlich habe ich *Geburtstag*! Sind für *Mum and Dad* ihre Kinder so viel wichtiger als ich? Ich bin doch jetzt auch ihr Kind. Wie ungerecht.

Meine Mama und Papa und Viktoria und Oma und Omi sollen jetzt hier sein! Die tollen Geburtstagsfeste zu Hause mit Torte, Kerzen, Geschenken und vielen Kindern zum Spielen. Heul. Aber jetzt bin ich Fünfzehn und kein Baby mehr.

Der Sand ribbelt an meinem Bauch, platsch, eine kleine Welle hebt mich etwas höher auf den Strand. Unwillig ziehe ich meine Füße unter den Körper und stehe wieder senkrecht. Puh, bin ich schwer, wie ein Astronaut nach der Landung auf der Erde.

✳

Ein paar Tage später geschah es dann.

Die Hausaufgaben waren erledigt, ebenso das Couch-Fernseh-Abendessen-Ritual mit Lory und John. Am nächsten Morgen sollte es losgehen zum Maori-Fest. Ich saß auf meiner Bettkante. Im strengen Lichtkegel der Nachttischlampe sah ich meine gebräunten Beine und auf dem Boden – schlampig überkreuz geparkt – meine pinkfarbenen Flip-Flops.

✳

Rechte Hand kramt im Kulturbeutel, Finger greifen Nagelschere, linker Unterarm liegt nackt auf dem Schoß.

Scherenspitze blitzt, Scherenspitze ritzt. Kein Blut spritzt. Tröpfchen quellen, rollen, stocken rot. Herz klopft.

Pffft ... ich sinke auf's Bett – ermattet, ohne Druck, ohne Last.

✳

Ganz schön theatralisch. Ich gebe zu – ich habe übertrieben. In dem kleinen Zimmer spielte sich kein Drama ab wie im Stummfilm. Dramatisch allerdings war die *Bedeutung* meines ersten Hautritzens.

In Wirklichkeit sah meine »Tat« – soweit ich mich überhaupt daran erinnern kann, es ist ja schon Jahre her – eher banal aus: Ich war allein, ich nahm die Nagelschere und fügte mir einen vielleicht vier Zentimeter langen, eher oberflächlichen Ritzer quer an der Haut zu. Er blutete fast gar nicht und verheilte dann auch schnell.

Was ich aber weiß – ich handelte, besser: *es geschah* automatisch und ohne Gefühle. In diesem Moment spürte ich nichts. Es tat nicht weh, auch später nicht, als mir das Ritzen zur heimlichen Gewohnheit, zum Zwang geworden war.

Diese erste mir selbst zugefügte Verletzung war – im wahrsten Sinn des Wortes – ein ungeheuerlicher Einschnitt in mein Leben.

Warum hatte ich es getan? Ich wusste es nicht. Einige Jahre, viele schlimme Ereignisse und endlose Therapien später fing ich an zu lernen – oft gegen meinen verzweifelten Widerstand –, mir und meiner Familiengeschichte auf den Grund zu gehen. Ich musste versuchen, die Ursachen meiner verqueren Handlungen zu verstehen und mein selbstzerstörerisches Verhalten zu ändern. Das schmerzt und bestimmt mein Leben bis heute.

∗

Ich tupfte das Blut ab, besah mir die strichdünne Wunde, knipste das Licht aus, zog mir die Bettdecke hoch bis zum Hals – und schlief sofort ein. Der Druck war weg.

∗

»*Sabine, what happend with your arm? You are hurt!*«

Diese neugierige kleine Lory, ihr entgeht nichts. Hätte ich doch nur die Ärmel vom Sweatshirt runtergezogen. Ohne Lory hätte ich den Ausrutscher-Ritzer längst vergessen. Jetzt spüre ich wieder das zarte Puckern der Wunde. Plötzlich ist mir die Sache wahnsinnig unangenehm. Ritzen … wie konnte ich nur? Meine Backen glühen und sind sicher knallrot. Hoffentlich plaudert die Kleine nichts rum nach dem Motto: »Die Sabine hat sich gerihitzt!« Ich kenne ihren Ton, wenn sie sich wichtig tun will.

»Oh, it was only the neighbourgh's beasty cat. It scratched me. It doesn't matter.«

*

Dann wurde es doch noch ein richtig guter Tag. Mit der Fähre fuhr unser ganzer Kurs zum sogenannten »Polyfest« der Maori nach Auckland City. »Poly« heißt es, weil die Ureinwohner Neuseelands vor ewigen Zeiten von den polynesischen Inseln über's Meer hierher auf die Nordinsel geschippert waren.

Vor den fünf Bühnen drängten sich an die 100 000 (!) Menschen: Maori, Polynesier von Samoa und anderen Pazifikinseln, Touristen und die »Kiwis«, die Neuseeländer europäischer Herkunft. Es war das jährliche »Festival der fünf Kulturen«. Das Motto 2008: »Mit Streben, Glauben und Verpflichtung können wir unsere Träume erreichen.« Träume erreichen – das wollte ich auch.

Im farbenprächtigen Trubel hatte ich nur Augen für die Darbietungen der Maori. Eine Vielzahl eher beleibter Männer mit nackten Oberkörpern, Kostümröckchen (*Piupiu*) und aufgemalten Körperornamenten (oder Tattoos, das konnte ich auf die Entfernung nicht so genau sehen) brachte sich in Formation. Die Männer stimmten ihre Blasinstrumente und trommelten probeweise. Das interessierte mich! Schon seit der Kindergartenzeit spiele ich mehrere Instrumente: zuerst Kinderakkordeon und Kindergeige, später Klavier und Klarinette und im Schulorchester mein geliebtes Saxophon.

Im Maori-Kurs hatte ich beim Thema »*Music*« aufgepasst: Die Nasenflöte heißt *Nguru* (sie wird wirklich mit der Nase geblasen), das Muschelhorn *Putara*, und *Pahu* ist eine Trommel aus einem ausgehöhlten Baumstamm, der mit Haifischhaut bespannt ist. Vor meinen Schulkameraden gab ich ein bisschen an mit meinem maori-musikalischen Wissen. Allgemeines Erstaunen: »*Really, you remember all this music stuff?*« Ein Mädchen fragte mich sogar, woher aus England (!) ich käme. Anscheinend hatte sie vergessen, dass ich *the german girl* war. Der Lärm ringsum hatte wohl meinen deutschen Akzent, den ich gar nicht mochte, verschluckt. Egal, ein großes Kompliment. Ich war in Hochstimmung.

Was ich dann erlebte, war viel gewaltiger, als ich es mir je hätte vorstellen können. Die Maori zeigten ihre rituellen *Hakas*, die Kampftänze. Auf Youtube hatte ich so etwas schon gesehen, besonders die neuseeländische Rugby-Mannschaft »All Blacks« mit ihren *Hakas* vor jedem Spiel. Aber hier »in echt« war das etwas ganz anderes. Vor Aufregung konnte ich nicht ruhig stehen.

Der Vorsänger und die ganze Gruppe gingen breitbeinig tief in die Knie, stampften mit den Füßen, winkelten die Arme an und schlugen sich ehrfurchtgebietend auf die Muskeln. Jede der kraftstrotzenden Bewegungen hatte eine Bedeutung. Das Tollste waren die Gesichter: Augen aufgerissen, rollende Augäpfel, Münder weit offen, Zungen bis zum Geht-nicht-mehr rausgestreckt, dazu rhythmische Worte, Laute und Gesänge. Auch wenn ich fast gar nichts verstand (so gut war mein Maori auch wieder nicht) – das war echtes Leben!

Urplötzlich piekste mich Neid. So wollte ich auch sein: stark, eindeutig, unabhängig, frei. Das blöde Männlichkeitsgehabe der Jungs, die Eifersüchteleien der Mädchen, das Kichern und der unablässige Austausch über Schminken, Anziehsachen und JungsJungsJungs ging mir auf die Nerven. Alles in mir kribbelte.

Am liebsten hätte ich mit den Füßen getrampelt, die Zunge sooo weit rausgestreckt und alles maorimäßig geballt rausgelassen: dass ich mich nicht *klein* machen lasse, dass ich gar kein *Heimweh* habe, dass ich nicht *dick* geworden bin! Ich war wütend und aufgewühlt und wollte schreien. Irgendetwas hatten die *Hakas* mit mir gemacht. Natürlich beherrschte ich mich. Es half ja nichts. Alle gehörten zu jemandem, nur ich nicht. Die Maori waren eine Gruppe, und die aus meiner Klasse und Lory und John auch, alle kannten sich schon ewig, und ich würde wieder wegfliegen und keiner würde mich vermissen, und zu Hause waren sie auch alle zusammen und glücklicher ohne mich, weil ich immer nur Schwierigkeiten machte.

Ich schluckte den Tränenkloß runter. Niemand sollte mitkriegen, dass ich nirgendwo hinpasste – nicht einmal nach Neuseeland.

✳

»Sabine, what's up with you? Are you crying? Meal is ready! You want to join me?«

Susan, eine aus meiner Klasse, hakt mich unter und zieht mich durch das Menschengewimmel zu den Tischen an der Seite des Festplatzes. Es soll echtes Maori-Essen geben. Mmh, riecht eigentlich ganz gut. Und gar nicht nach fettem Hammel oder Lamm. Es gibt auch Fleisch, aber hübsch eingepackt in Blättern. Susan zeigt auf die Erdöfen mit den Lavasteinen weiter hinten, wo alles gebacken wird.

»Do you like vegetables and kumara? You don't have to eat meat!«

Lieb von Susan, dass sie sich das gemerkt hat.

»Let's find a quiet place for us.« Susan lächelt: *»I'm so happy that you are here, Sabine! You are such a nice girl!«*

Mir wird ganz warm vor Freude (hoffentlich meint sie es auch so!?). Wir sind beide hungrig, und unsere Süßkartoffeln mit dem *Taro-*Gemüse schmecken super.

✳

Am nächsten Tag der totale Kontrast: das Tennisturnier!

Im Röckchen über den Sandplatz rennen, Bälle schlagen, Punkte zählen, Gegner schlagen. Nach dem Polyfest kam mir das abartig geregelt und gekünstelt vor. Für meine Tenniskünste musste ich mich nicht schämen. Ich hatte auf Neuseeland zwar erst angefangen und war die Schwächste im Team gewesen. Dann packte mich der Ehrgeiz, und durch viel Üben wurde ich schnell besser. Es machte mir zunehmend Spaß, den Ball sauber in der Mitte des Schlägers zu treffen und mit lockerem Arm über's Netz ins gegnerische Feld zu pfeffern. Sooo gut war ich auch nicht, aber trotzdem stolz.

Im Turnier durfte ich nach den *Doubles* sogar *Single* spielen. Natürlich wurde ich nicht *Winner of the match*, aber wir Mädchen vom Macleans College Team hatten uns gut geschlagen. Ein paar klopften mir anerkennend auf die Schulter oder machten *high five*. Das versöhnte mich wieder mit dem Rest der Welt und mir.

Mein gutes Gefühl hielt an. Schule, Freundinnen, Gastfamilie, Telefonate, Essen, Sport, Ausflüge, Shoppingtouren, Strandleben – alles lief glatt in den folgenden Wochen und Monaten und endlich auch für mich geradezu neuseeländisch *easy*. Ich eckte nirgends an, konnte mich über diverse Ungereimtheiten des Lebens hinweglächeln und fühlte mich rundum wohl.

Zu meinen neuen Freundinnen gehörte auch Ella. Sie war kleinwüchsig. Auf der Straße müssen wir ein seltsames Paar abgegeben haben – ich, der große Schlacks mit jetzt schon 1.71 Metern, sie, dreißig Zentimeter niedriger, mit Trippelschritten neben meiner Hüfte. Ella lud mich zu sich nach Hause ein. Ihre ganze Familie war kleinwüchsig. Ich kam mir vor wie ein Riesentrampel im Zwergenreich. In den normal großen Zimmern standen niedrige Tischchen und Stühlchen, kurze Bettchen und Schränkchen. Ob das alles extra angefertigt worden war? Ich traute mich nicht zu fragen.

Die Alltagsgegenstände – Esswaren, Töpfe, Teller und vor allem der Waschmittelkarton – waren »normal« groß. Ein Sammelsurium von Proportionen, die nicht zusammen passten. Mich brachte das durcheinander. Im Garderobenspiegel konnte ich nur meine untere Hälfte sehen. Ich wollte das eigentlich nicht, aber ich verglich mich mit Ella, möglichst unauffällig natürlich. Sie war stämmig gebaut, hatte O-Beine, kurze rundliche Arme und einen verhältnismäßig großen Kopf. Und was machte ihr das aus? Nichts! Ella war ausgeglichen und zufrieden, das merkten alle; sie war beliebt. So ein Blödsinn, mit was ich mich immer rumquälte: zu dünn (sehr selten), zu dick (fast immer), zu klug, zu dumm, zu empfindlich (in jeder Kombination). Alles überflüssig, Schluss damit.

✳

Lange hielt ich nicht damit durch.

»*Lory, John, please hurry up! Dad is already waiting in the car!*«

Die beiden drängen an mir vorbei, schleppen lachend (über mich?!) ihre dick vollgepackten Rucksäcke zum Auto. Ihr Dad sitzt schon hinterm Lenkrad. Mum legt den Arm um mich: »*Don't worry, they will be back soon.*« Ha, *back soon* kann ja wohl nicht stimmen. Eine ganze Woche lang im Feriencamp. Tolle Osterferien.

Ich winde mich aus Mums Umarmung und will in mein Zimmer zurück. Lory winkt und kräht aus dem anfahrenden Auto: »*Sabine, you can take my inline scates! Bye bye, see you!*«

✳

Die Ferienwoche war eine echt miese Zeit: Lory und John abgedüst in ihr Feriencamp und die Gasteltern von früh bis abends beim Arbeiten. Ich: den ganzen Tag allein zu Haus – wie Kevin-Superschlau im Film. Jetzt konnte *ich* aber mein Fernsehprogramm bestimmen. Nach einem Tag fand ich's öde. Ich grämte mich und war sauer. Wie ungerecht, dass mich niemand gefragt hatte, ob ich vielleicht auch gern in ein Camp gefahren wäre.

Ein paar Klassenkameradinnen heiterten mich auf. Wir gingen shoppen und schwimmen. Abends saß ich auf meiner Bettkante, hörte Musik, las ein bisschen und lackierte meine Fingernägel blassrosa.

Das Nagelscherchen erfühlte ich metallkalt unter dem Sonnenschutzlabello im Schminktäschchen.

Nach Ostern – ich hatte mich echt gefreut, als John und Lory das Haus mit Lärm und ihrem dreckigen Camp-Krempel gefüllt hatten (»*Hi Sabine, did you have a good time?*«) – fand ich mein inneres Gleichgewicht wieder. *No problems at all.*

Ein paar Wochen später wölkten sich das Wetter und meine Stimmung deutlich ein. Auf der Südhalbkugel ging es schon auf Herbst und Winter zu. Und die Examenswoche drohte.

Ohne dass es mir groß aufgefallen war, neigte sich das Schuljahr (und damit mein Neuseelandaufenthalt) dem Ende entgegen. Innerhalb einer Schulwoche musste in jedem Fach ein Examen geschrieben werden. Ich wollte gute bis sehr gute Noten ins Zeugnis bekommen. In einer Waldorfschule werden ja nie »echte« Noten gegeben, nur wortreiche schriftliche Beurteilungen. Aber wen interessierten meine College-Noten schon? Düster paukte ich vor mich hin.

Zu allem Überfluss bekam ich in der Schule auch noch Getuschel mit: »*Eileen …yes, the girl with the long hair … she scratched herself, oh my God!*« Ich war also nicht das einzige *crazy girl.*

Vor etwas hatte ich richtig Angst: Französisch. Nach den schriftlichen Prüfungen musste jeder auch noch eine selbstgeschriebene Rede auf Französisch vor der ganzen Klasse halten. Alles wurde aufgezeichnet, in großer Runde noch einmal angehört und besprochen, das heißt gnadenlos kritisiert. Ein Albtraum! Ich hasse es, meine Stimme zu hören, egal ob mit oder ohne Dialekt, auf Französisch, Englisch oder Deutsch.

Letztendlich ging alles gut, aber nach der Prüfungswoche war ich total erledigt. Alle waren *happy*, das Schuljahr geschafft, die großen Ferien lockten. Eltern beglückwünschten ihre Kinder, und jeder bekam etwas geschenkt. Lory und John freuten sich über

Ich-weiß-nicht-mehr-was, aber ich weiß, dass sie strahlten. Und ich? Nichts. Zuerst dachte ich, sie hätten mich vergessen, oder es sollte eine besondere Überraschung werden (»Surprise – look here! Do you like it?«).

Ich war stumm vor Enttäuschung. In mir rumorte es.

In dieser Nacht tat ich es wieder. Ich ritzte.

Am nächsten Morgen, als ein kalter Wind die Wolken über den Himmel toben ließ, zog ich absichtlich etwas Kurzärmeliges an. Sollten sie ruhig sehen, dass mich wieder eine »Katze« gekratzt hatte. Mum meinte nur beiläufig: »Oh my dear, it's too cold. You better put your sweater on.«

Kein mitleidiger Blick auf meine Wunde, kein kleiner Trost. Ich schien wirklich nicht wichtig zu sein. Das tat weh.

In den nächsten Tagen war ich ein Auf-und-ab-Mädchen. Meine Stimmungen wechselten wie das Wetter: Ich hatte die Schule sehr gut bestanden (stolz), ich schämte mich (ich hatte es wieder getan), ich fühlte mich ungeliebt (selbstmitleidig), ich hatte Heimweh (stark) nach Papa und Mama und Schwester und Freundinnen, und ich hatte Angst vor dem Abschied hier.

Aber ich freute mich auf Luna, meine beste Freundin aus Berlin. Sie verbrachte ein Auslandsjahr in Melbourne in Australien und wollte mich für zehn Tage in Auckland besuchen. Es waren nur vier Stunden Flug von ihr zu mir – ein Katzensprung über die Tasmanische See. Zusammen mit Dad und Lory machten wir dann eine Woche richtige »Winter-«Ferien in Rotorua.

Nach knapp drei Stunden Fahrt über den State Highway 27 – bei der Luna und ich ohne Punkt und Komma geschwatzt hatten, natürlich auf Deutsch, jetzt verstand mal Lory nichts – waren wir am zweitgrößten See Neuseelands. Überall roch es komisch nach faulen Eiern. Bäh. Wir rümpften die Nase. Unser Appartement mit Aussicht auf den kreisrunden See gefiel uns – vor allem, weil es drinnen durch die Erdwärmeheizung mollig warm war. Der neuseeländische Winter mit frösteligen 15 Grad konnte uns gestohlen bleiben.

Rotorua ist zwar ein Kurort, aber alles andere als langweilig: Mehrmals besuchten wir im Maori-Ort Whakarewarewa (eigentlich heißt er unaussprechlich »Te Whakarewarewatanga O Te Ope Taua A Wahiao«) die Thermalquellen mit den fünfundsechzig aktiven Geysiren. Wow. So etwas hatten Luna und ich noch nie gesehen – und nicht gerochen! Der Schwefelgeruch in Whaka war nasennerventötend. Das kochende Wasser der Geysire schoss in regelmäßigen Ausbrüchen bis zu dreißig Meter hoch in die Luft, in Erdlöchern blubberte und brodelte grauer Schlamm. Ich war wie gebannt: eine bedrohlich wabernde Macht nur knapp unter meinen Schuhsohlen. Jetzt stand ich wirklich auf dem »Pazifischen Feuerring«.

Wie auf dem Polyfest gab's auch hier *Hangi*, das maorische Essen. Der Erdboden ist in dieser Gegend so heiß, dass man das eingewickelte und mit Blättern abgedeckte Fleisch und Gemüse nur eingraben muss. Nach zwei Stunden ist alles gar. Jetzt war Luna schwer beeindruckt. Ich kannte das ja schon.

Die Maori können wegen der Erdhitze nicht einmal ihre Toten begraben; sie werden oberirdisch in gemauerten Särgen beigesetzt. Auf dem Friedhof gruselten Luna und ich uns ein bisschen, wussten nicht recht warum und kicherten albern.

Es war super, nach so vielen Monaten endlich wieder eine echte Freundin zu haben, auf Deutsch über alles reden und lachen zu können – einfach nur so, ohne Grund. Die eine Sache verschwieg ich.

Auf der Rückfahrt nach Auckland sackte meine Laune rapide ab: nur noch vier Tage mit Luna, nur noch vier Tage Gastfamilie, Freunde, Schule, Meer, Auckland, Neuseeland. Sollte ich verlängern und noch ein halbes Jahr dranhängen? Oder heimfliegen und ein paar Stunden später – tadaaa – wie der Geist aus der Flasche durch mein altes Berliner Leben geistern?

Mein Stimmungsbarometer zeigte minus null.

✳

»Hey Sabine, mach doch nicht so ein Gesicht! Was ist denn los? Wir fliegen doch zusammen! Du musst keine Angst haben.«

Die gute Luna, was sie wieder denkt.

»Ne, ich hab doch keine Angst vorm Fliegen. Ich will nur nicht wieder heim!«

»Aber du hast doch gesagt, dass dich … (mit Fingerbuchstaben formt sie verstohlen L-O-R-Y) … oft nervt und dass die … (hinter der Vordersitzlehne deutet sie auf ›Dad‹) … oft nicht so nett zu dir waren.«

»Doch, schooon.« »Was willst du denn eigentlich?« »Luna, ich weiß es nicht! Zu Hause ist alles blöd, aber hier … auch …«

Schon wieder Tränen.

Luna, munter: »Dann komm doch mit mir mit. Bis Melbourne fliegen wir wie geplant zusammen, ich steige aus, und den Rest nach Berlin schaffst du allein, und alle aus der Schule freuen sich auf dich, und deine Mama und dein Papa und Viktoria sowieso ganz doll. Und du kannst wieder dein Saxophon spielen!«

✳

Ich flog dann mit Luna – traurig, nach all den Abschieden, und prall voll mit Sehnsucht und Vorfreude auf zu Hause.

Gottlob war Luna am Flughafen in Auckland mit dabei. Beim Einchecken hatte ich ein gewichtiges Problem: Monsterkoffer brachte vier Kilogramm Übergewicht auf die Waage. Die Dame am Schalter gab sich unerbittlich: für jedes Kilo zu viel 100 oder 200 Dollar – auf jeden Fall *too much for me*. Lunas Koffer war halbleer;

entschlossen stopfte sie einen Großteil meiner Anziehsachen in ihren. Durch ihre Tatkraft um viele Pfunde erleichtert durfte dann auch ich endlich einchecken und zusammen mit Luna abheben.

*

»Luna, schau mal, da unten! Siehst du die schmale Halbinsel? Die kleinen Häuschen! Da waren wir vorhin noch. Ach, und das Meer!«

Zurück

Der Himmel über Berlin: blau. Die Stadt: ein Häusermeer. Meine Familie: erfreut und erleichtert. Und ich fühlte mich ... löchrig. Als ob Puzzleteilchen von mir noch suchend hinterher schwirrten.

Was mich erreichte und berührte: die warmen Sommerfarben der Bäume und Blumen, der Duft des geschnittenen Rasens vor unserem Haus, die Vertrautheit meines Kinderzimmers (Kuscheltiere auf dem Bett!), die Umarmungen meiner Eltern und nicht zuletzt von Schwesterherz. Es war einfach schön, wieder daheim zu sein.

Gleich am nächsten Morgen musste ich wieder in die Schule. Das klingt grässlich, aber es war nur ein einziger Tag, der letzte Schultag vor den Berliner Sommerferien. Gutes *timing*.

Beim gemeinsamen Mittagessen von Schülern und Lehrern fiel mir ihr Umgang miteinander unangenehm auf. Ziemlich respektlos, wie ich jetzt fand. Kein Vergleich mit dem College. Ich vermisste den Abstand zwischen dem »Lehrkörper« (komischer Ausdruck, aber hier passt er) und den Schülern. Der Tag ging schnell vorüber.

Eine Woche Berlin, Freundinnen treffen, tausend Fragen beantworten, Bilder zeigen, den neuesten Klatsch inhalieren – dann reise ich schon wieder weiter.

*

Mit meinen Eltern und meiner Schwester flog ich für zwei Wochen nach Spanien, nach Marbella, ans Mittelmeer. Kein Ozean, aber ein Meer. Es wurden harmonische Ferien, unsere (meine!) gute Stimmung hielt an. Viktoria und ich hatten unseren Spaß: Vom College hatte ich einen »Wandervogel« mitbekommen, einen großen aufblasbaren Gummi-Kiwi, braun, mit aufgemalten Federn, langem, dünnem Schnabel und patschigen Füßen. Der Vogel, das

Nationalsymbol Neuseelands, sollte vom College aus möglichst weit in der Welt herumkommen und dann – luftlos plattgemacht zum Versand – wieder heimgeschickt werden für neue Fotosessions.

Eifrig suchten Viktoria und ich auf den Strandklippen nach einem Vogelstellplatz für das perfekte Bild. Wir kamen aus dem Lachen nicht mehr raus, weil er schon beim zartesten Lufthauch umkippte. Nasser Sand auf seinen Füßen half. Das Beweisfoto des Globetrotter-Kiwis schickte ich gleich ans College.

Dann waren nicht nur unser Spanienurlaub, sondern bald auch die restlichen Schulferien zu Ende. Mittlerweile war Lunas Paket aus Australien in Berlin eingetroffen: ein bunter Haufen geknüllter Anziehsachen mit allerlei Krümeligem in Taschen und Falten. Auf dem Boden meines Zimmers mischten sich bald die Sandkörnchen von Neuseeland und Spanien.

»Sabine, spiel bitte nicht mit dem Zeug rum. Saug das jetzt weg.« Die Heranwachsende verdreht genervt die Augen: »Jaaa … gleich …«

*

In der nächsten Klasse – es war im Herbst 2008, ich kam jetzt in »meine« zehnte – war eine Klassenfahrt nach Tschechien geplant.

Ein paar Worte zu meiner Waldorfschule, auch Rudolf-Steiner-Schule genannt: Die »großen« Fächer (Mathe, Physik, Chemie, Deutsch, Geschichte und Kunst) werden im sogenannten »Epochenunterricht« gelehrt, das heißt, die Schüler können sich – über einen längeren Zeitraum und nicht nur in schnell wechselnden Schulstunden – einem einzigen Thema widmen. Die »Fachstunden« Englisch, Französisch, Eurythmie, Sport, Orchester, Astronomie usw. sind sehr praxisorientiert. In diversen Berufspraktika lernt man wirklich viel; sie machten mir überwiegend Freude.

Die einwöchige Fahrt nach Tschechien gehörte zum Mathematikunterricht. Es war eine sogenannte »Feldmess-Fahrt«: Mit professionellen Gerätschaften sollten wir in freier Natur das zentimetergenaue Vermessen von Gelände lernen.

Unser Ferienquartier war ein übel heruntergekommenes Haus. Erheiterung brachten uns die allesamt losen Schranktüren, die aus ihren Angeln fielen und uns der Reihe nach auf die Füße knallten. Tags wanderten wir mit Sack und Pack durch die tschechische Landschaft, stellten unsere Theodoliten und Messlatten auf, berechneten Höhen und Entfernungen, skizzierten auf Klemmbrettern die Geländeformationen mit ihren Höhenlinien und zeichneten anschließend alles ins Reine.

Diese Fahrt wurde für mich, die noch immer Fünfzehnjährige, zu einem Wendepunkt im Leben – zu einem sehr glücklichen. Als Aufpasser und fachliche Begleitung fuhren mehrere Personen mit, zwei Lehrkräfte und der Mathelehrer – und zusätzlich zwei noch ziemlich junge Betreuer.

Der eine hieß Alexander und war neunzehn Jahre alt. Wir mochten uns gleich. Meine Plackerei im Gelände bekam durch ihn eine erfreuliche Leichtigkeit. Kribbeln lag in der tschechischen Luft.

In Berlin blieben Alexander und ich in Kontakt und gingen ein paar Mal zusammen ins Kino. Wir verliebten und befreundeten uns richtig.

*

Nun greife ich ein paar Jahre vor: Alexander und ich sind heute noch und besser denn je zusammen. Er ist jetzt siebenundzwanzig, ich bin noch immer vier Jahre jünger, und wir sind – gemeinsam, jeder für sich und wieder zusammen – durch entsetzliche Zeiten gegangen. Ich stecke immer noch drin, und er, der hilfsbereite, unterstützende, hält mit Ruhe, Stärke und Zuversicht zu mir. Wir engen uns nicht ein und achten aufeinander. Das war nicht immer so.

*

Zurück nach Berlin. Meine Mutter und ich gerieten nach Neuseeland und Spanien immer öfter aneinander. Stress pur! Ich pubertierte, wollte mir nichts sagen lassen, war überzeugt, dass ich *alles* richtig machte, machte aber *nichts* richtig, war unleidlich, traurig, zornig, zog mich verzweifelt in mein Zimmer zurück, weinte – und floh zu Alexander. Er hatte eine Wohnung zusammen mit seiner Schwester. Das war praktisch, ein Ort ganz ohne »Aufpasser-Druck-Vorwurf-Eltern« jeglicher Art. Ich wollte einfach bei ihm sein, mich fallen lassen, wollte bedauert und getröstet werden und Spaß haben.

Das Dumme war, dass Alexander *manchmal* etwas anderes wollte.

»Sabine, heute Abend geht's nicht. Ich treff mich mit Freunden.«

»Aber du hast doch gesagt, ich kann *jederzeit* kommen! Ich hab doch Mama schon gesagt, dass ich bei dir über Nacht bleibe.«

»Nein, heute nicht, tut mir wirklich leid.«

»Ich hab ne Idee: Ich komm einfach mit dir mit! … Nein?! Warum soll das nicht passen? Aber ich kann bei dir auf dich warten …«

Eine von vielen ähnlichen Szenen. Alex' Stärke ist auch seine Geradlinigkeit. Er blieb beim Nein. Ich heulte, fühlte mich verraten und verlassen (ich sah mich im Spiegel: völlig verquollen, widerlich). Ich hatte nur mich im Sinn. Wenn etwas nicht nach meinem Kopf ging, war ich vorwurfsvoll bis quengelig und weinerlich. Zu allem Überfluss entdeckte ich die Eifersucht (»Wohin gehst du, was machst du, wie lange, mit wem??«).

Ich war die totale Versagerin, sogar als Freundin. Wild entschlossen stürzte ich mich in bodenlose Selbstzweifel.

Ich war nichts als ein dickes Gebirge aus schlechten Adjektiven.

*

Im April 2010 war erst einmal Schluss. Nach eineinhalb Jahren innigster Beziehung trennte sich Alexander von mir.

Ich war siebzehn und todunglücklich wie noch nie.

Kinderjahre – Jugendjahre

Liebeskummer? Geht vorüber. Pubertät? Kann nicht mehr lange dauern – Sabine wird sicher bald wieder vernünftig. Außerdem ist sie doch so gut in der Schule. Und sie hat doch alles!

An dieser Stelle muss ich mehr zu unserer Familie sagen. Es stimmt: Ich hatte, wir hatten wirklich alles – aber jedes Jahr ein bisschen weniger. Unser Familiengefüge kam langsam, aber unaufhaltsam aus dem Lot. Unser Unglück, die Krankheiten – als erste die Multiple Sklerose meiner Mutter –, hatten sich *undercover* eingeschlichen. Da war ich fünf Jahre alt und meine Schwester sieben. Anfangs gab es nur diffuse Schatten, die sich über unsere Eltern legten. In unserem behüteten Kinderleben durfte die Sonne ein wenig länger scheinen. Im Laufe der Jahre erfassten und veränderten die dunklen Auswirkungen aber jeden von uns. Den einen mehr, die andere weniger, zwei von uns über die Maßen. Wir alle müssen damit leben.

*

Unsere frühe Kindheit war glücklich – soweit ich mich aktiv daran erinnern kann. Die Fotos in den Alben erzählen davon, ebenso mein Gefühl. Eine Mama, die sich überaus lieb und intensiv um ihre beiden Töchter kümmerte, ein Papa, der zur Arbeit ging und sich abends und am Wochenende unsere Baby- und Kindergeschichten anhörte und gerne lustige Sachen mit uns machte. Dazu ein Häuschen unter Föhren mit Garten, Sandkasten, Schaukel, Planschbecken und einem gemeinsamen Kinderzimmer unterm Dach. Und Oma und Omi, die beiden Großmütter, die wir liebten und die mit uns spielten, Märchen vorlasen, mit uns Lieder sangen, uns zum Quieken und Lachen brachten und später pünktlich zum Musikunterricht.

*

1991 wurde meine große Schwester Viktoria geboren und fast genau zwei Jahre später ich. Anscheinend war ich ein bisschen zu neugierig, denn ich kam fünf Wochen früher als gedacht auf die Welt. Kleinkind Viktoria stellte angesichts meiner Winzigkeit in Mamas Arm interessiert fest: »Mama Baby kauft?!«

Dass wir viele Ereignisse aus unserer Kindheit und Jugend wissen, verdanken wir unserer Mutter. Zwanzig Jahre lang, von unserer Geburt bis zum jeweils 18. Geburtstag, hielt sie in zwei dicken Tagebüchern – für jede Tochter ein eigenes – alles für sie Bemerkenswerte über ihre Mädchen fest.

Als ich achtzehn wurde, las ich die vielen handschriftlichen Seiten einmal durch – und packte das Tagebuch weg. Heute, fünf Jahre später, habe ich die Kraft gefunden, das, was meine Mutter sehr detailliert in ihren Tagebuchbriefen an mich geschrieben hat, neu zu entdecken: die Entwicklungschritte von Baby Sabinchen über das sensible, hoch begabte und zunehmend verstörte Kind bis zu der magersüchtigen Sabine, die in die Jugendpsychiatrie kam.

*

Mamas allererster Eintrag:

5. Juli 1993 (vier Monate)

»Meine liebe kleine Sabine!

Du liegst gerade auf meinem großen Bett und machst Mittagsschlaf. Wir legen uns mittags immer gemeinsam hin, du trinkst noch ein bisschen, und wir schlafen dann beide ein. Überhaupt bist du so ein angenehmes und liebes Wesen, das man einfach liebhaben muss. Mittlerweile bist du gut vier Monate alt, und seit zwei Wochen schläfst du nachts durch, d.h. du schläfst um 10 - ½ 11 abends ein und wirst morgens so zwischen 7 und 8 wieder wach. Für mich ist das die große Erholung, denn ich war ganz schön kaputt von dem wenigen Schlaf. Du wiegst jetzt schon 6 Kilo und bist 63 cm groß.

Jedes Kilo, das du zunimmst, nehme ich ab. Du hast schon ein kleines Doppelkinn! Aber es klappt wunderbar mit dem Stillen, und es tut mir richtig leid, dich so langsam an anderes Essen zu gewöhnen. Im Moment bekommst du jeden Tag ein paar Löffel Karottensaft. Wenn Viktoria kommt, freust du dich immer und lachst (auch wenn du manchmal von ihr gehauen wirst!). Überhaupt bist du so ein freundliches Kind. Jetzt schaust du schon sehr interessiert um dich, und manchmal liegst du lange in deiner Wippe und gurrst ganz laut. Seit ein paar Tagen kannst du schon fest zupacken und hältst dich fest. Nachts schläfst du immer auf dem Rücken. Die Bauchlage ist dir unangenehm, und den Kopf hältst du nur mit Mühe.»

*

Einer von Mamas letzten Einträgen in mein Tagebuch:

Klinik Buch, 26. November 2010 (17 Jahre, 12. Klasse)
»Meine Line!
So viel ist bei uns los, dass man sich fragt, wann es mal ein Ende hat. Also, erstmal das Positive: In den Herbstferien waren wir in La Madrague, alle vier. Das fandest du wohl furchtbar; ich habe es sehr genossen, mal wieder die ganze Familie zusammen zu haben. Wir haben viele Ausflüge gemacht, u. a. auch nach Montpellier, wo du uns einiges zeigen konntest, was du vom Sommer kanntest. Schön! Aber mir tat leider die Hüfte so weh, dass ich nur unter Schmerzen laufen konnte.
Zurück in Berlin wurde bei mir in der Hüfte eine Knochenmetastase (von der Brust) festgestellt, die ein Loch in den Knochen gefressen hat. Der Oberschenkelknochen traf genau darauf, und es bestand die Gefahr eines Bruchs. Deshalb musste ich mich vorsichtig verhalten und 2 Krücken (deine!) benutzen. Dann wurde entschieden, zu operieren. Ein künstliches Hüftgelenk war im Gespräch mit langer Reha usw. Ich hatte aber Glück: Das Loch wurde zuzementiert,

Hüftgelenk in Ordnung, alles viel einfacher, als geplant. Und jetzt komme ich morgen (nach 5 Tagen) schon raus. Pünktlich zu meinem Geburtstag! Kleines, und du willst mitkommen mich abholen! Wie schön!

In den letzten Tagen unseres Urlaubs ist Oma bewusstlos neben ihrem Bett gefunden worden. Die Feuerwehr musste die Wohnung aufbrechen. Es war ein 2. Schlaganfall! Erst Klinikum, dann Reha. Ihre Sprache ist leider schlechter als vorher.

Tja, meine Süße, und dann du! Vor geraumer Zeit ist mir aufgefallen, dass die Waage im Bad immer an einer ungünstigen Stelle stand (ich kam mit dem Fuß dagegen unterm Waschbecken). Jeden Tag aufs Neue wurde sie benutzt. Wozu? Wer wiegt sich jeden Tag?

Irgendwann hattest du dann eine eigene im Zimmer. Und dann hast du Andeutungen gemacht (so etwa: es wäre wie ein Zwang, nichts zu essen ...). Auffällig war auch, dass du an manchen Tagen so gut wie nichts zu dir genommen hast. So oft gefroren hast. Völlig erbärmlich ausgesehen hast. Plötzlich weit joggen oder Radfahren musstest. Alles seltsam. Andeutungen von langen Gesprächen mit Dr. P. oder Frau R., denen du dich anvertraut hast. Dr. P. hat dir eine Klinik in Bonn für einen Aufenthalt empfohlen.

Mir wurde immer klarer, dass du armes Kind krank bist. So viele Verluste und Krankheiten, Omi ist gestorben, Oma nicht mehr die Fitte wie vorher, Papa und Viktoria ausgezogen, ich krank und die Krönung, dass dein geliebter Alexander Schluss gemacht hat! Allerdings ist er dabei sehr unklar: Sagt, er liebt dich nicht mehr, küsst dich aber und schreibt dir viele zärtliche SMS. Dieses ganze Gefühlschaos ist für deine arme Seele zu viel. Andererseits arbeitest du sehr viel für die Schule und hast auch Supernoten! Dein Mittlerer Schulabschluss war der beste des ganzen Jahrgangs!«

*

Siebzehn Jahre liegen zwischen diesen beiden Tagebuchbriefen meiner Mutter an mich.

In meiner Kindheit zwischen zwei und sechs Jahren charakterisierte sie mich auffällig oft als ein »einerseits – andererseits-Mädchen«.

Einerseits: »kuschelig/schmusig, anhänglich, ausdauernd beim Spielen, mit sehr tiefen Gefühlen, akribisch, hilfsbereit, großzügig, charmant, zuckersüß, ausgezeichnete Sprache, grenzenlose Fantasie, zum Knutschen reizend, außergewöhnlich lese-, schreib-, rechen- und musikbegabt, akrobatisch, erfinderisch ...«

Andererseits: »willensstark, schnell wütend, frustriert, wenn dir etwas nicht gelingt, schnell gelangweilt, weil du meinst schon alles zu können, ehrgeizig, hysterische Anfälle, durch nichts zu beruhigen, theatralisch, ständige Selbstüberschätzung im Vergleich mit größeren Kindern, Tobsuchtsanfälle, rotzfrech, konsumsüchtig, aufsässig bei Unterforderung, anstrengend, wenn du etwas unbedingt haben willst und weil du auch unglaublich gut argumentieren kannst ...«

✳

Nach den Worten meiner Mutter (und ich glaube ihr) war ich ein liebes und kluges, aber nicht unkompliziertes und kaum zu bändigendes Familienmitglied. Eltern und Schwester hatten wohl ihre liebe Mühe mit mir.

Das Beste, was mir passieren konnte: Mit vier Jahren kam auch ich in einen Waldorf-Kindergarten und mit sechseinhalb in die Waldorfschule mit dem viel freieren Schulsystem, das die individuelle Entfaltung der Kinder unterstützt. Schon vor der Einschulung konnte ich ziemlich gut lesen, rechnen, schreiben, auf Ponys voltigieren, wollte mit meiner Mutter »Franzi« (= Französisch) lernen und spielte Kinder-Akkordeon. Das »Akkodiong« hatte ich auf meinen sehnlichsten Wunsch hin zum fünften Geburtstag endlich bekommen, übte mit Leidenschaft und zeichnete mir selbst Notenbüchlein.

Auf meinen ersten Schultag fiel der Schatten der Krankheit meiner Mutter. Durch meine Aufregung (endlich Schulkind!) bekam ich kaum mit, dass sie eine Zeitlang verschwunden war. Meine kleinen, unguten Gefühle von damals ließen sich aber nicht mehr ausradieren.

✳

Aus dem Tagebuch meiner Mutter:

12. Oktober 1999 (6 Jahre, 1. Klasse)

»Meine große Biene! (klein darf ich ja nicht mehr sagen)

Am 4. Sept. 99 war dein erster Schultag. Es war so süß und bewegend, wie du mit dem riesigen Ranzen auf die Bühne geklettert bist. Du hast dich richtig gefreut über den Leder-Ranzen, obwohl du eigentlich einen Felix-Ranzen wolltest. Zu Hause hast du dann sehr erwartungsvoll deine schöne Schultüte ausgepackt, die deine Patentante gebastelt hat. Ich glaube, am besten hat dir das Taschenmesser mit aufklappbarer Gabel und Löffel gefallen.

Mir ging's leider an dem Tag nicht so besonders, ich war ganz schön schlapp und habe mich zwischendurch 1 Std. ins Sekretariat gelegt und ausgeruht. Deswegen bin ich auch jetzt im Waldschlösschen und mache eine Ayurveda-Kur. Leider mussten wir den schönen Urlaub in der Schweiz abbrechen, da ich einen Schub mit tauben Beinen und großer Schwäche hatte …«

✳

Multiple Sklerose. Dass unsere Mama mit ihren dreiundvierzig Jahren etwas Blödes hatte, eine böse Krankheit, die nie wieder weggehen würde – das hatten Viktoria und ich im Jahr zuvor, 1998, schon irgendwie mitgekriegt. Dass diese sich einschleichende Krankheit aber unheilbar ist, in Schüben verläuft und im Laufe der Jahre immer schlimmer wird, hielt man vor uns Kindern sicher noch länger fern. Uns beschäftigten und belasteten nur die momentanen Auswirkungen: Mama ist müde, Mama braucht Ruhe, Mama muss sich hinlegen, Mama hat Krämpfe, Mama muss zum Arzt, Mama muss in die Kur.

»Mama, warum musst du immer so lange wegfahren?« Das hatte ich schon als Fünfjährige gefragt, als bei ihr die Diagnose MS feststand und sie ab da oft wochenlang nicht bei uns zu Hause war.

Unsere Eltern versuchten nach Kräften, uns ein möglichst unbeschwertes Leben zu ermöglichen. Unsere geliebte Oma, die Mutter meines Vaters, wohnte nicht weit von uns und kam, um Mama und Papa zu entlasten und uns zu erfreuen. Sie brachte uns zur Schule, kochte, half uns bei den Hausaufgaben, spielte hingebungsvoll alle Kinderspiele mit uns und achtete auf einen geordneten Tagesablauf. Mama vermissten wir trotzdem sehr. Papa sahen wir oft nur beim Frühstück und abends, wenn wir schon bettfertig waren. Mir fehlte er besonders; ich war ein Papakind. Zu ihm hatte und habe ich eine ruhige und einfach gute Beziehung.

Wen wir gar nicht mochten, war Roland, ein vom Sozialamt zugeteilter Hausbetreuer, der uns nie in die Küche ließ und Viktoria und mich in die Haut kniff. Natürlich sagten wir nichts. Wir hatten Angst vor ihm und Mama und Papa schon genug Sorgen.

Was ich liebte: mein Karnevalskostüm »Clown«. Ich wollte unbedingt eine Glatzenperücke mit roten Haaren drumherum. Omi, die in Süddeutschland wohnte, und alle dortigen Verwandten mussten mir immer wieder über die Plastikglatze streicheln. Das fand ich toll. Erst heute fällt mir auf, dass Omi auch eine Perücke trug. Ihre Haare waren durch eine Chemotherapie völlig weg.

Auf den Fotos sehe ich die beiden Schwestern – immer adrett und mit fröhlichen Farben gekleidet. Viktoria und ich liebten es, unsere dunklen glatten Haare hübsch zu machen, oft mit Omas Hilfe. Viktorias Haarschnitte saßen meist perfekt, meine waren eher durcheinander. Ich erinnere mich, dass ich als kleines Mädchen bei einer Autofahrt in den Kurven begeistert meinen Kopf schwenkte. Der neue Bubihaarschnitt machte mich leicht und frei.

Familiären Stress hatten wir jedes Jahr Anfang Dezember. Für das obligatorische Weihnachtsfoto wurden wir schick zurechtgemacht: Sonntagskleidchen mit weißen Kragen und perfekt gezogenen Scheiteln im gekämmten Haar. Verwandte und Freunde erfreuen sich noch heute an diesen Grußkarten mit den braven Mädchen. Für mich war die Prozedur des Herrichtens, Posierens und Dauerlächelns jedes Mal Kampf und Heulerei.

Niemand kennt mich besser als meine Mutter, auch ich nicht. Sie hat mich – zumindest in meinen Kinder- und Jugendjahren – erstaunlich tief »durchblickt« und meine Eigenarten detailliert beschrieben. Deshalb lasse ich sie weitererzählen …

∗

30. Dezember 2000 (7 Jahre, 3. Klasse)

»Meine Line!

Kürzlich hattest du die Nein-Sager-Phase. Egal, um was ich dich gebeten habe, du hast nichts machen wollen. Deine einzige Reaktion nach den vielen Neins: ›Ich habe einen Widerspruchsgeist.‹

Rechnen macht dir viel Spaß, du bist ganz wild darauf, dass Papa dir Aufgaben stellt. Auch das Buch für die 3./4. Klasse bearbeitest du mit großer Freude. Du schreibst auch wie ein Weltmeister: hast extra ein Heft mit Gedichten angelegt. Schreibst auch kleine Mitteilungen. Papa liest du oft deine kleinen Geschichten vor.

Die letzten beiden Monate standen unter dem Einfluss der Einrad-Manie. Du und Viktoria fahrt hier in der Diele und im Wohnzimmer rum. In der Küche spielt ihr manchmal Heinzelmännchen und macht alles blitzblank. Der Clou dabei ist, dass ihr alles auf den Einrädern erledigt.

Du spielst weiter Akkordeon und Geige und spielst überall und zu jeder Gelegenheit vor. Besonders viel Eindruck macht immer das Akkordeon. Mittlerweile geht's aber auch mit der Geige immer besser.«

*

Es gibt aus diesen Jahren nur wenige Situationen, an die ich mich genau erinnere. Eine eher banale mit meiner Mutter habe ich nicht vergessen:

Ich war etwa acht Jahre alt und sollte die Spülmaschine ausräumen. Vermutlich war ich aus einer hochwichtigen Tätigkeit wie Basteln oder Zeichnen oder Lesen oder einer wichtigen Erfindung herausgerissen worden. Unwillig zog ich Teller, Gläser, Besteck und anderen Kram aus der Maschine und räumte alles, so gut ich eben konnte, in Küchenschränke und Regale. Ich stieg dafür sogar auf einen Stuhl. Vielleicht ist mir dabei auch etwas heruntergefallen und kaputt gegangen. Aber ich war stolz. Alleine geschafft! Die Vorwürfe meiner Mutter trafen mich völlig unerwartet: Ich hätte nur Unordnung gemacht. Ich war empört, heulte enttäuscht und fand sie nur ungerecht. Ich hatte mir solche Mühe gegeben. Obwohl ich nicht einmal Lust auf *Spülmaschine* gehabt hatte!

Diese kleine Szene ist – zumindest für mich – der Beginn unserer oft genug aufreibenden Mutter-Tochter-Auseinandersetzungen. Wir entwickelten beide spezielle Empfindlichkeiten, reizten uns – und schon eskalierte der Streit. Nachtragend sind wir aber beide nicht.

Die Schule fiel mir leicht – im Unterricht und bei den Hausaufgaben. Schon in der ersten Woche der ersten Klasse langweilte ich mich. Die anderen Kinder fand ich so langsam. So hatte ich genügend Zeit, frech zu sein und Quatsch zu machen. Meist ließ man mich.

*

Was meiner Mutter auffiel: Ich hatte kaum Freundinnen. Während einer Kur notierte sie im Tagebuchbrieflein an mich:

Bad Ems, 22. Februar 2002 (noch 8 Jahre, 3. Klasse)

»Meine Line!

Nächste Woche wirst du schon 9 Jahre alt. Du wusstest erst gar nicht, wen du einladen sollst. Aber jetzt hast du 4 Mädchen gefunden, mit denen wir dann am Samstag ins »Spektrum« vom Verkehrsmuseum zum Experimentieren gehen. Zuerst hast du dir ein Paddelboot gewünscht, um damit allein auf der Krummen Lanke zu fahren. Jetzt soll's ein beleuchteter Globus sein. Eine Schreibmaschine, ›die man auch im Park anschmeißen kann‹, war dein Weihnachtswunsch. Onkel M. hat kürzlich eine alte persische Schreibmaschine mitgebracht, mit der du deine ›Drucklust‹ befriedigen kannst.

Das größte Ereignis in der letzten Zeit war dein Sturz vom Pferd während der Reitstunde am Nikolaustag. Draußen fuhr ein Traktor, und plötzlich scheute das Pony und ging im Jagdgalopp durch. Irgendwann konntest du dich nicht mehr halten und bist runtergefallen. Gott sei Dank hattest du Omas neuen Helm auf, der dich vor dem Schlimmsten bewahrt hat. Nur leider tat dir dein rechter Arm weh. Wir sind zur 1. Hilfe ins Krankenhaus gefahren, wo festgestellt wurde, dass der rechte Ellbogen gebrochen ist. Natürlich musste Gips rum, und wir sollten alle paar Tage zum Röntgen. Insgesamt wurde der Arm 19 x geröntgt, d.h. jedes Mal aus 2 Positionen, und oft war falsch belichtet. Das Reiten war damit für dich beendet.

Was die Instrumente angeht, so hast du jeden Tag Lust auf ein anderes: Mal willst du unbedingt Querflöte spielen, auf gar keinen Fall mehr Geige. Dann haben wir einen Film über die Cellisten der Philharmoniker gesehen. Es gab dabei einen etwas außergewöhnlichen Glatzkopf, ›Coolmännie‹, der auf Stahlsaiten die Töne völlig verzerrte. Das hat dir so gut gefallen, dass du unbedingt Cello lernen wolltest.

Die Schule macht dir mäßig Spaß, du rechnest ohne Mühe und

schreibst lange Aufsätze. Überhaupt bist du unglaublich kreativ und dabei auch sehr ungeduldig.«

*

9. Dezember 2002 (9 Jahre, 4. Klasse)

»Liebe Bine!

Seit Mai spielst du nun Klarinette. Mit großer Begeisterung. Frau S. ist deine Lehrerin. Vor allem der Gedanke, später einmal Saxophon spielen zu können, reizt dich sehr. Die Geige wolltest du irgendwann nicht mehr anfassen. Aber dem Akkordeon bist du treu geblieben. Letzten Sonntag hattest du wieder in der Kirche einen Auftritt.

Insgesamt bist du sehr unausgeglichen. Oft schreist du mich an und bist mir gegenüber sehr ungehalten und frech. Du willst unbedingt ins Internat (ihr habt eine Weile viele ›Hanni und Nanni‹-Bücher gehört). Neuerdings ist Internat Nonnenwerth ganz groß im Rennen. Wenn du ärgerlich bist, drohst du oft: ›Ich geh jetzt weg und komme nie wieder!‹ Das tut mir dann immer sehr leid. Großen Wert legst du auf das abendliche Kuscheln. Überhaupt bist du sehr liebesbedürftig. Auf dieser Ebene klappt es zwischen uns dann auch sehr gut. Die Schule findest du blöd, vor allem alles ›Waldihafte‹. Du würdest überhaupt viel lieber auf eine andere (normale) Schule gehen. Mittlerweile hast du einige Freundinnen gefunden.«

*

Die Multiple Sklerose meiner Mutter, ihre Erschöpfung und Müdigkeit, die zunehmende Schwäche in den Beinen und Unsicherheit beim Laufen waren für uns Kinder »normal«. Wir konnten uns kaum noch erinnern, wie Mama vor Ausbruch ihrer Krankheit gewesen war.

Eine Situation ist mir in starker Erinnerung: Es war im Frühling 2003. Ich war mit ihr beim Einkaufen in einem Supermarkt. Auf dem Parkplatz stürzte sie plötzlich der Länge nach hin, wollte sich noch abstützen, die Einkaufstüten rutschten ihr aus der Hand, und aus den Körbchen kullerten Erdbeeren in alle Richtungen. Ein fremder Mann half meiner Mutter auf, und ich sammelte die weit verstreuten grellroten Früchte auf dem Asphalt Stück für Stück wieder ein. Die Situation war mir peinlich, und ich schämte mich für uns beide: meine arme Mama hilflos und vom Sturz geschockt am Boden, und was der fremde Mann von uns wohl dachte …?

Ich war zehn Jahre alt und ging in die vierte Klasse.

Im Jahr darauf, 2004, zogen wir um – in eine großzügig geschnittene, helle Altbauwohnung im Hochparterre. Unser Häuschen mit Garten war zu teuer geworden und zu klein. Ich weinte vor Abschiedsschmerz: Mein geliebter Kletterbaum und das Grab unseres Hamsters mussten zurückbleiben. In der neuen Wohnung bekamen Viktoria und ich eigene Zimmer. Mutter schrieb am 13. Oktober 2004:

»Viktoria ist ganz angetan, aber du willst irgendwie nicht richtig. Da deine Stimmungen aber ohnehin sehr schwanken, weiß man nicht richtig, warum. Vielleicht weil du unbedingt eine bestimmte Ecke von dem abzutrennenden Zimmer dazuhaben möchtest.«

*

9. Juni 2005 (12 Jahre, 6. Klasse)

»Ach, Line!

Du bist so anstrengend. So launisch! Mal supernett, mal ein echter Kotzbrocken. Willst jetzt unbedingt Streetdance machen, dafür Akkordeon aufgeben. Finde ich schade, aber wir können nicht alles bezahlen, und in letzter Zeit übst du auch wenig. Unser Zeitkonto für's Fernsehen funktioniert auch nicht immer. D. h. für's Üben bekommt ihr ›m‹ = mittel = 30 Min. Vieles könnt ihr euch mit Arbeiten im Haushalt erwerben. Aber irgendwie bist du da sehr nachlässig. Und wir ehrlich gesagt auch, denn wir rechnen nicht ständig nach. – Ansonsten bist du im Jungsfieber.«

*

Binz, 29. Januar 2006 (noch 12 Jahre, 7. Klasse)

»Meine Line!

Wie schön, mal ne Woche Ruhe zu haben. Ich bin hier mit Papa, und ihr seid alleine zu Hause und genießt es auch. Oma habt ihr gesagt, dass genug zu essen da ist und sie nicht jeden Tag zu kommen braucht.

In der letzten Woche waren es -10 bis -20 Grad, aber du gehts immer ohne Unterhemd, nur mit kurzem, möglichst bauchfreiem T-Shirt. Mütze ist uncool, Schal naja. Schönheit spielt jetzt eine große Rolle: Du duschst regelmäßig, Haare werden gewaschen (du würdest nie mit fettigen bzw. riechenden Haaren in die Schule gehen). Vor ein paar Tagen hast du sogar eine Quarkmaske gemacht: Dafür abends den Quark aufgetragen und die ganze Nacht draufgelassen. Damit er nicht auf's Bett bröckelt, hast du ein Handtuch zusammengefaltet und als Umrandung genommen. Morgens hast du mir ganz stolz vorgeführt, dass die Haut schon viel glatter ist.

Kleidung ist auch wichtig: Von Viktoria wird so gut wie nichts mehr angezogen, auch die T-Shirts müssen topmodisch sein, und du hast mehr Wäscheverbrauch als wir zusammen. Ständig Wechsel, weil angeblich etwas stinkt. Es riecht höchstens nach Deo, nicht nach Schweiß. – Beim Jiu Jitsu hast du dir kürzlich den Arm so verknackst, dass du die ganze Woche keine Instrumente spielen konntest. Dann bist du doch mal in den Streetdance-Kurs gegangen. Es hat dir gut gefallen, und du willst es jetzt anstatt Jiu Jitsu machen.

In der letzten Zeit kamen öfters Angebote zum Casting. Du warst zwar 2x da, wurdest aber nicht genommen, weil du dem Typ nicht entsprachst. Es ist immer eine große Aufregung und dann enttäuschend. Insgesamt bist du sehr frech. Hast sogar einmal ›Arschloch‹ zu mir gesagt. Und ›blöde Kuh‹. Sehr emotional und dann völlig unbeherrscht. Auch als Besuch da war. Das war sehr peinlich!

Seit diesem Schuljahr ist Frau L. deine Klassenlehrerin. Erst warst du ganz begeistert, da endlich mal eine Struktur zu erkennen war. Jetzt aber stöhnst du wegen der vielen Arbeit. Frau L. verlangt ziemlich viel von euch.«

*

Berlin, 25. Mai 2006 (13 Jahre, 7. Klasse)

»Hi, Line!

Zwischen uns ist es immer noch schwierig. Leider. Wir bedauern es beide, aber können oft nicht anders und sind gegenseitig genervt voneinander. Du liegst dann nur rum auf diesem Hochbett oder vor dem Fernseher, um dich herum versinkt alles im Chaos, und du räumst nicht mal die alten Joghurtbecher weg oder die eingetrockneten Kakaotassen. Dann bekommst du plötzlich einen Anfall und räumst die Küche bis in die letzte Ecke auf. Du hältst dich dann mit Details auf und verlierst den Blick für's Ganze. Verträgst überhaupt nicht, dass man dir mal was sagt oder dich auffordert, etwas zu tun. Die Instrumente übst du auch nur nach Lust und Laune: mal eine Woche nicht, dann vier Stunden hintereinander. Aber dann auch nur die Stücke, die dir gefallen.«

*

Freitag, 13. Oktober 2006 (13 Jahre, 8. Klasse)

»Hi, Line!

Ich würde sagen, du bist voll in der Pubertät: superzickig, das Aussehen ist unglaublich wichtig (angeregt durch die Zeitschriften ›Jolie‹ und ›Jam‹ etc), probierst immer neue Frisuren aus, misst deinen Körperumfang aus, da du ja Model werden willst, verfluchst mich wegen der Nase, die ich dir vererbt habe.

Kürzlich kamst du nach Hause und hast mir eröffnet: ›Ich bin ein Choleriker.‹ Wie wahr! Ihr hättet die Temperamente in der Schule besprochen, und du hast mir dann einige Eigenschaften genannt:

launisch, tyrannisch, plötzlich aufbrausend. Gerade bist du rein-
gekommen und hast mich korrigiert: Goethe hätte geschrieben:
Tyrann = Held.«

*

Sonntag, 29. Oktober 2006 (13 Jahre, 8. Klasse)
»Heute warst du 10 Tage auf Forstpraktikum mit Frau L. War das
eine Ruhe hier! Kein Gemecker, kein Kritisieren an mir (alles, was
ich mache, ist peinlich). Papa war auch eine Woche weg. Und nur mit
Viktoria gab's keinen Stress. Das Arbeiten im Wald hat dir gut getan!
Du warst wirklich guter Dinge, als du heimkamst. Allerdings auch
traurig, nun wieder alleine mit uns zu sein! Kann ich gut verstehen.
Heute bist du auf die Jugendmesse ›Yu‹ (man kann da auch als
Model auf den Laufsteg!). Dein Zimmer sieht noch ganz schlimm
aus; der Koffer nicht ausgepackt usw. Deine vielen Schulden bei mir
für Dinge, die du unbedingt haben musstest, versuchst du nun mit
bezahlten Hausarbeiten wie Fensterputzen (1 kompletter Flügel = 3 €)
abzutragen. Innerhalb des letzten Monats habe ich insgesamt für
Außergewöhnliches (Klassenfahrt, Ausrüstung, Extras) nur für dich
450 € ausgegeben. Und du hast jeden Tag wieder neue Bedürfnisse.
Für die 8.-Klasse-Arbeit lernst du die Gebärdensprache. Das machst
du prima und mit viel Engagement. Du hast immer sehr viele Ideen,
aber das Interesse lässt schnell nach. Berufswunsch ist Model und
Ärztin (Notfall) oder Krankenwagenfahrer. Du möchtest gerne helfen,
auch Tieren, suchst aber immer was Extremes.«

*

Binz, 5. April 2007 (14 Jahre, 8. Klasse)
»Hi, Line!
Nun sind Osterferien und wir auf Rügen. Du genießt es, hier ins
Schwimmbad zu gehen oder scheuchst mich in den Fitnessraum.
Besonders hat es dir das Laufband angetan. Draußen läufst du gar

nicht so gerne. Obwohl du schon meintest, so viel wie in den letzten Tagen seiest du im letzten halben Jahr nicht gelaufen.

Ansonsten recherchierst du im Internet, wo man im Ausland ins Internat gehen kann. Da dies zu teuer ist, hast du jetzt nach Gastfamilien gesucht. Leider gehen die auch erst mit 15. Also noch mindestens 1 Jahr warten.«

✳

Berlin, 28. Juni 2007 (14 Jahre, 8. Klasse)

»Hi, Lini!

Habe jetzt (zwangsläufig) Zeit für dein Tagebuch. Bin zur Zeit im Krankenhaus wegen einer Brust-OP [Brustkrebs, 52 Jahre]. Du bist zu Hause ja oft ein Drachen, aber hierher kommst du jeden Tag zu Besuch. Sogar mit Blumen!

Dieses Schuljahr war anstrengend für dich; die Jahresarbeit (Gebärdensprache), dann die Konfirmation am 15.4.2007.

Die nächste große Aktion war ein Klassenspiel von Gerhard Hauptmann. Du warst Elfe und in der anderen Besetzung ›Rautendelein‹, das ›Heinrich‹ küssen musste – nur auf's Auge! –, aber das war dir sehr peinlich. Also hast du dich mit Händen und Füßen gewehrt, diese Rolle zu übernehmen. Du wolltest ein Praktikum machen, ins Ausland gehen oder dich zur Not vor ein Auto werfen.«

✳

Traben-Trarbach, 1. September 2007 (14 Jahre, 9. Klasse)

»Jetzt bin ich in einer Ayurveda-Klinik mit viel Zeit. Jedenfalls hast du deine Rollen ganz toll gespielt – natürlich! Oft zitierst du auch noch kleine Passagen oder Sätze aus dem Stück. – Nach wie vor flippst du schnell aus, bist oft schlecht gelaunt und giftig. Vor allem mir gegenüber. Besonders wenn es um's Fernsehen und irgendeine Soap geht, die du unbedingt sehen musst. – Gestern hast du dich für das PPP (Parlamentarisches Patenschaftsprogramm) beworben.

Damit kann man ein Jahr Highschool auf Staatskosten machen. Du würdest zwar auch lieber nach Frankreich, und ich fände es auch besser, aber finanziell ist es leider nicht möglich. Im Haushalt tust du keinen Schlag. Alles ist eine Diskussion. Und überall hinterlässt du Spuren: ob im Wohnzimmer die eingetrocknete Kakaotasse, im Bad einen Haufen mit ausgezogenen, aber noch brauchbaren Kleidungsstücken oder in der Küche diverse Utensilien auf deinem Platz, die mal zu irgendeinem Essen gebraucht wurden.«

*

Berlin, 8. Februar 2008 (noch 14 Jahre, 9. = 10. Klasse)
»Meine Line!

Nun bist du am anderen Ende der Welt, in Neuseeland bei Familie Butler und gehst ab Montag zur Macleans School in der ›hässlichsten Schuluniform der Welt‹ (deine Worte).

Nun alles der Reihe nach: Von Mitte Sept. bis Mitte Okt. war ich zur Reha in Schloss Hamborn. In der Zeit hat sich herausgestellt, dass Omi Lungenkrebs hat, und Oma hatte einen Schlaganfall. Papa hat sie an seinem Geburtstag leblos in ihrem Bad aufgefunden. Seither war sie im Krankenhaus und in der Reha. Am Do., 14.2. kommt sie wieder nach Hause. Mal sehen, wie das klappt. Körperlich hat sie sich ganz gut erholt, aber sie ist oft noch sehr schwer zu verstehen. Omi hat eine Chemotherapie gemacht, und ihr Tumor ist deutlich kleiner geworden, fast weg.

Am 17.11.2007 war die Sprachenmesse ExpoLingua in der Friedrichstr., diesmal mit Schwerpunkt Australien und Neuseeland. Neben verschiedenen Organisationen haben sich auch Schulen selbst vorgestellt – auch das Macleans College in Auckland. Am nächsten Tag sind wir nochmal hingegangen, um Fragen zu klären. Alles schien so einfach. Und ideal: die Schule in einem gutsituierten Vorort von Auckland, gleich am Strand. Keine Gewaltprobleme, alles sehr geordnet. Sehr schnell war alles entschieden. Aber du brauchtest einen Pass, und zwar schnell, damit das Visum beantragt werden konnte. So kurz vor Weihnachten sind die Neuseeländer in Sommerferienstimmung, und da läuft dann nichts mehr.

Der Flug musste gebucht werden. Das Billigste war Emirates Airlines über Dubai. Immer noch besser als London Heathrow. Naja, viel *action*. Viele Emails mit der Schule, Krankenversicherung klären etc. Am 16. Jan. war das Visum fertig, und dann am 27. Jan. (Sonntag) dein Flug!«

*

Neuseeland, Auckland, das Haus der Butlers, das Zimmer, in dem ich mich das erste Mal ritzte. Der Leser mag beurteilen, ob ich nachvollziehbare Gründe dafür hatte. Mir selbst war damals *nichts* klar. Es passierte einfach.

Ich konnte nicht wissen oder spüren, dass die Summe der Ereignisse – die Krankheiten meiner Mutter (Multiple Sklerose und Brustkrebs), meiner zweitwichtigsten und innig geliebten Bezugsperson Oma (zwei Schlaganfälle mit Ausfall des Sprachzentrums), meiner Omi (Lungenkrebs) und mein eigenes, von Kindheit an quecksilbrig-unruhiges Leben –, dass dies alles mich zu diesem Zeitpunkt schon ziemlich aus der Bahn getrieben hatte.

Mein lang ersehnter halbjähriger Auslandsaufenthalt im Alter von 14/15 Jahren konnte mich nur phasenweise stabilisieren. Meine Empfindlichkeiten, meine eingewurzelte Angst vor Nicht-Anerkennung, die vielen Krankheiten und Verluste trug ich schon dort in mir. Nach meiner Rückkehr von Neuseeland nahm ich eine geheime Tätigkeit wieder auf: Ich surfte im Web auf der »Pro Ana«-Welle. Niemand durfte davon wissen, schon gar nicht meine Mutter. Deshalb steht auch nichts davon in ihrem Tagebuch. Schon als Vierzehnjährige hatte ich im Internet die »Pro Ana«-Seiten entdeckt.

Wer nicht weiß, was »Pro Ana« bedeutet – hier die Definition bei Wikipedia:

Pro-Ana (von pro: für und Anorexia nervosa: Magersucht) und Pro-Mia (Bulimia nervosa: Ess-Brechsucht) sind Bewegungen von Mager- beziehungsweise Ess-Brechsüchtigen im Internet. Sie entstanden Anfang des 21. Jahrhunderts in den Vereinigten Staaten und breiteten sich von dort auch nach Europa aus. Die Anhänger von Pro-Ana, fast ausschließlich junge Frauen, idealisieren die Magersucht und leiden zumeist selbst an dieser Krankheit. Dabei sind sie sich ihrer Erkrankung bewusst. Statt dagegen zu kämpfen, versuchen sie, weiter abzunehmen – auch wenn dies mit Lebensgefahr verbunden ist. Die Betroffenen tauschen sich über spezielle Pro-Ana-Websites aus und stellen dort die Magersucht bildhaft als extremes Schlankheitsideal dar, dem sie sich mit radikalen Maßnahmen nähern, mit dem Ziel, Zufriedenheit mit sich und ihrem Aussehen zu erreichen.

Die Magersucht erhält dabei den Anklang einer Art der Selbst- verwirklichung, der Souveränität und der Macht über den eigenen Körper, die gegen eine feindselige Umwelt verteidigt werden muss. Die Assoziation von »Ana« mit dem Namen »Anna« ist gewollt und steht für eine idealisierte Personifikation der Magersucht. Sie kommt insbesondere im »Brief von Ana« zum Ausdruck, der sich auf den Webseiten der Bewegung als ein zentrales Manifest findet. Pro Ana ist insbesondere deswegen umstritten, weil sich die Betroffenen im Internet austauschen. Hierbei wird die Gefahr gesehen, dass sich die Betroffenen gegenseitig weiter dazu anspornen, mit allen Mitteln abzunehmen und dass Unbeteiligte so ebenfalls an Magersucht erkranken könnten.

Die Zahl der Pro-Ana-Seiten im deutschsprachigen Raum wurde 2007 auf mehrere hundert geschätzt. (…)

*

Ich surfte auf vielen Seiten, besah mir – wie auch schon vor Neuseeland – die Bilder von bewunderungswürdig schlanken Mager-Models und die unendlich vielen *Nicht*-Ess-Tipps, wie man (frau!) dünner werden kann. Und noch dünner. Hm. Interessant.

Die Feldmess-Fahrt nach Tschechien im Herbst 2008 brachte dann unverhofftes Glück in mein Leben: in Form eines Mannes namens Alexander. Ab da waren meine Gedanken nur noch bei ihm.

✳

Berlin, 29. November 2008 (15 Jahre, 10. Klasse)

»Meine Line!

Es ist Samstagmorgen, gestern war mein Geburtstag, und wir haben zusammen beim Griechen gegessen. Jetzt liegst du noch mit Alexander zusammen im Bett. Tja, Alexander ist deine erste Liebe. Er war Betreuer bei der Feldmessfahrt, die ihr Ende Sept. gemacht habt. Und gleich war klar, dass du ihn toll findest. Er ist schon fast 20, hat ein 1er Abi gemacht und studiert jetzt.

Der Altersunterschied schreckt dich gar nicht, natürlich nach dem Motto: ›Ich kann das schon.‹ Wie immer bist du deinem Alter voraus. Jedenfalls war er der erste, den du geküsst hast. Warst sehr nervös vorher. Jetzt meinst du nur ganz lapidar: ›Das ist ja gar nicht so aufregend, wie alle tun.‹ Da er sehr ordentlich ist, bist du auch bemüht, dein Zimmer aufzuräumen. Gestern Morgen hast du es sogar noch gesaugt vor der Schule! Und im Bad achtest du darauf, dass nicht zu viele Haare rumliegen. In Mathe schreibst du Super-Arbeiten – Alexander ist ein Mathe-As.«

✳

Greiz, 10. Februar 2009 (15 Jahre, 10. Klasse)

Hallo Sabine!

Alexander ist wirklich im Moment dein Lebensmittelpunkt. Letzte Woche hatten wir das 10.-Klasse-Gespräch mit den beiden

Klassenbetreuern. Sie haben dich in den höchsten Tönen gelobt: sehr gute Schülerin, selbstständig, zielstrebig, kooperativ. Es war beeindruckend, wie souverän du dich selbst dargestellt hast. Da hat NZ sicher viel dazu beigetragen. Sagst du auch selbst, dass du keine Angst mehr hast, etw. vorzutragen u. frei zu sprechen. Wirklich toll! Englisch u. Mathe sind deine Lieblingsfächer. Wenn Alexander nicht da ist, langweilst du dich. Klavierspielen lenkt dich ab. Auf Klarinette hast du wirklich nicht mehr Lust. Bist auch nicht mehr im Orchester. Im Sommer musst du deshalb ein Praktikum machen, weißt aber noch nicht, welche Richtung. Auch Beruf ist offen (Medizin, Architektur, Botanik?).«

✳

Hiddensee, 20. Mai 2009 (15 Jahre, 10. Klasse)
»Meine Line!
Bin grad zur Erholung ab auf die Insel. Du hast heute die letzte Probe-MSA-Klausur [Test für den Mittleren Schulabschluss] und bist ganz schön am Stöhnen. Heute beginnen bei euch die Pfingstferien. Du genießt es, viel Zeit mit Alexander zu verbringen. Bist auch immer sehr bestimmend mit deinen Bedürfnissen. Wehe, wenn er mal nicht so will wie du! Dann setzt du deinen Willen lautstark durch. Zur Not mit Heulanfällen!«

✳

Schloss Hamborn, 10. September 2009 (15 Jahre, 11. Klasse)
»Meine Line!
Schon wieder ist so viel Zeit vergangen und so viel passiert.
Omi ist gestorben am 8.8. um 8 Uhr. Ich hatte das große Glück, dabeisein zu dürfen. Ich habe ihr die ganze Zeit die Hand gehalten. Sie hörte dann auf zu atmen und fing kurze Zeit später wieder an. Ganz mechanisch. Ich habe nur den Gedanken: Hoffentlich ist es bald vorbei. Und so war es dann auch. Völlig natürlich und

undramatisch. Mir war nicht mal zum Heulen zumute. – Alexander gegenüber bist du oft ungehalten und ziemlich launisch. Dafür lässt du das Gift weniger an mir ab. Aber wie lange er das wohl aushält? Wenn er da ist, schottet ihr euch sehr ab, kocht euch selber und esst alleine in deinem Zimmer.«

*

Im April und Mai standen die »richtigen« Prüfungen für den MSA an. Für meine »Präsentationsprüfung« wählte ich, zusammen mit einer Freundin, ein mir schon vertrautes Thema:
»Magersucht – Eine Gefahr in den Medien«
Aus unserem Vorwort: »*In unserer Präsentation wird Sabine zuerst einen Überblick über verschiedene Essstörungen geben und anschließend vertiefend auf Bulimie und Magersucht eingehen, einige Ursachen, Probleme und den Verlauf schildern. F. kommt dann zu den Pro-Ana-Seiten im Internet. Sie wird den typischen Aufbau einer solchen Seite beschreiben und verschiedene Punkte genauer betrachten.*«
Auch ich betrachtete mir die »Pro-Ana«-Seiten wieder genauer. Nun hatte ich einen »offiziellen« Grund zum Surfen und las eine Menge Bücher über Essstörungen – am allerliebsten Erfahrungsberichte von Mädchen, die ihre Magersucht auf's Gramm genau beschrieben. Niemand durfte mein Interesse an dem abstoßenden Thema rügen. Meine Ausrede: »Alles nur für die Prüfung!« überzeugte.
Für den MSA lernte ich wie besessen. Mein Notenschnitt: 1,0.
Mitte Mai trennte sich Alexander von mir.
Ich brach völlig zusammen, weinte unablässig, war todtraurig und ritzte mich nun fast täglich (heimlich, mit einem Cuttermesser, quer am Unterarm …Druck…Schnitt…Druck weg…Erleichterung…). Das half ein paar Stunden. Meinen Körper fand ich eklig und dick. Vor Trauer und Verzweiflung aß ich fast gar nichts mehr. Ich wog mich mehrmals täglich – und nahm ab. Wenigstens das!

Mein Papa zog aus unserer Wohnung aus – »zur Verbesserung der Beziehung zu eurer Mama«.

Im Mai hatte ich auch meine Führerscheinprüfung. Ich bestand.

Neben der Schule studierte ich noch an der TU Berlin am Institut für Chemie das Modul »Verantwortungslose Wissenschaften – Fehlverhalten von Wissenschaftlern«. Das war ab sechzehn möglich. Mich reizte dieser coole (aber völlig überflüssige) Vorgeschmack auf die Uni.

Zu all dem Unglück kam noch, dass meine Mutter genau in diesen Wochen nicht da sein konnte. Wegen Knochenmetastasen in der Hüfte musste sie sich in einer Klinik einer Krebstherapie unterziehen. Viktoria steckte mitten in ihrem Abitur. Kurz vor Weihnachten 2009 zog auch sie aus unserer Wohnung aus.

Damit ich zu Hause nicht ganz alleine war, kam abends mein Vater und blieb über Nacht. Mit ihm konnte ich aber nicht über mein Alexander-Unglück reden, da er von unserer Beziehung wenig mitbekommen hatte. Nur Mama wusste alles von mir. Papa war auch am Anschlag, da er sich zu seinem Fulltimejob auch noch um seine Mutter (Oma), wegen ihrer Schlaganfälle kümmern musste. Ich war sehr einsam. Ich war äußerst verzweifelt.

✳

Parkschlösschen, 19. Juli 2010 (17 Jahre, 11. Klasse)
»Mein Kleines!

Unbeabsichtigt konnte ich die letzten Monate nicht weiterschreiben. Ich war sehr krank: der rechte Arm und die Hand komplett gestört, taub. In dieser Zeit hast du auch gelernt, mir Spritzen zu geben, denn auch das war mir unmöglich.

Irgendwann hat dann Alexander Schluss gemacht, nachdem ihr euch immer wieder gestritten habt. Er wollte nur noch eine Freundschaft. Du warst todtraurig, und bist es oft jetzt noch. Er hat sich immer wieder bei dir gemeldet, du hast es ignoriert, ihn dann doch getroffen.

Rückzug in dein Zimmer, Pommes braten, ihm Frühstück ans Bett bringen. Trotzdem wieder Schluss.

Dann die Entscheidung: Orchesterfahrt oder Praktikum mit vier Wochen Sprachkurs in Montpellier. Vorher Astronomiefahrt in die Vogesen. Du bist zuviel gelaufen, Hüftprobleme.«

✳

Wieder wollte ich Abstand von *allem*. Ich entschied mich gegen das Schulorchester (zu viele Freunde, Mitschüler, Lehrer) und für einen Sprachkurs in Frankreich (alleine). In den letzten beiden Schulwochen der 11. Klasse und den ersten beiden Wochen der Sommerferien sollte ich in Montpellier bei einer Gastfamilie wohnen und tagsüber den Französisch-Sprachkurs absolvieren. Die Frankreichreise wurde zum Desaster. Nach drei Wochen konnte ich nicht mehr und erzwang meine Heimreise. Doch von Anfang an:

Über Paris flog ich nach Montpellier. Meine Gastmutter holte mich zusammen mit ihrem Freund ab. Zuerst kamen wir ganz gut miteinander aus, doch unser Verhältnis verschlechterte sich rasch. Sie gab mir zu verstehen, dass sie mich nicht in der Wohnung haben wollte. Stundenlang musste ich in der Stadt herumlaufen – trotz meiner schlimmen Schmerzen in der Hüfte seit der Astronomiefahrt in den Vogesen. Der Sprachkurs war entsetzlich schwer. Ich fühlte mich überfordert (was ich bei mir nicht kannte, bis jetzt hatte ich mit Begabung, Willen und Fleiß alles erreicht) und ging nur widerwillig hin. Englisch in Neuseeland war mir sehr viel leichter gefallen.

Die Gastmutter kochte ordentliches Essen, aber ich war wie zugeschnürt und kriegte kaum etwas runter. Meine einzige Genugtuung war das häufige Wiegen. Ich wurde leichter. Sehr gut.

Körperlich ging es mir immer schlechter. Ich war so schwach und hatte auch Sehstörungen. Im Unterricht wurde mir plötzlich schwarz vor Augen. Ich sollte etwas zeichnen, konnte aber auf dem Blatt keinen festen Punkt fokussieren – Konturen und Kontraste flossen wie stark verdünnte Wasserfarben ineinander. Die Lehrerin flößte mir Zuckerwasser ein. Ich erholte mich innerhalb von Minuten. Zudem hatte ich einen so schlimmen Sonnenbrand wie nie zuvor. Ich konnte kaum Kleidung tragen, weil alles, was auf der aufgerissenen Haut auflag, schrecklich schmerzte. Von der Schule schleppte ich mich nach Hause, versuchte mich auszuruhen und bat die Gastmutter, dass ich am nächsten Tag im Bett bleiben dürfe.

»*Mais non, ce n'est pas possible! Il faut que tu ailles à l'école!*« Wenn nicht, würde sie meine Eltern verständigen und mich abholen lassen. So ging ich notgedrungen weiter zum Kurs. Wir redeten kaum noch miteinander. Diese verfahrene Situation hielt ich nicht mehr aus. Ich wollte nur noch heim. Meine Eltern schickten ein Fax mit ihrer Einwilligung, und ich konnte zurück nach Berlin fliegen.

*

In den folgenden Wochen – Sommerferien 2010 – traf ich mich immer wieder mit Alexander. Es war frustrierend und tat so weh. Bei jedem Treffen merkte ich, dass es zwischen uns vorbei war. Aber ich hing so an ihm und wollte ihn einfach sehen. Ich schaffte es nicht, mich von ihm zu lösen. Er sich wohl auch nicht von mir.

Im September, Anfang des neuen Schuljahres, stellte ich mich bei meinem jetzigen Hausarzt Dr. P. vor. Ich konnte mir überhaupt nicht erklären, warum es mir beim Aufstehen immer schwindlig wurde und ich mich ständig so kraftlos und schlapp fühlte.

Ich wurde gemessen (jetzt 1,74 Meter) und gewogen (51 Kilogramm). »Du isst zu wenig, du bist unterernährt!«

Ach ja? Den besorgten Blick des Doktors wollte ich nicht verstehen. Immer noch über 50 Kilo! Wahrlich noch kein Traumgewicht …

Aber ich wusste, was ich wollte. Dank Ana.

*

2. Oktober 2010 (17 Jahre, 12. Klasse)

»Meine Line!

Wie schnell die Zeit vergeht. Im Moment bist du zum 18. Geburtstag einer Freundin. Bald wirst du auch 18 sein. Schwer vorstellbar. Irgendwie bist du immer noch meine Kleine.

Was ist passiert in der letzten Zeit?

Am vorletzten Ferientag ging eine Mail mit dem neuen Stundenplan [für die Abiturklasse] rum. 42 Unterrichtsstunden. Mehr als eine Arbeitswoche! Du warst so erschüttert, dass wir uns am nächsten Tag eine andere Schule gesucht haben. Du bist dann doch wie gewohnt zur RSS [Rudolf Steiner Schule]. Warst ganz begeistert, dass es doch nicht so stressig war.

Wir haben viel gesprochen. Letztendlich hast du doch gemerkt, dass du an deinen Freunden hängst und überhaupt an der ganzen Schule, dass dir die Lehrer wohlgesonnen sind und du hier schon die besten Noten hast. Also bist du geblieben.

Vorgestern war die letzte Klarinettenstunde bei Frau S. Du spielst mittlerweile sehr gut. Ist schon schade, dass du aufhörst. Aber es ist zu viel, nach 8 Stunden Unterricht noch zu ihr zu laufen – mit schwerem Rucksack und schwerer Klarinette.

Das Zusammenleben von uns beiden ist oft schwierig: Du fühlst dich von mir genervt. Ich darf nichts sagen, was das Aufräumen oder Ausräumen der Spülmaschine angeht. Du hast oft eine falsche Wahrnehmung, bist überzeugt, dass du es immer machst, und ich bin sicher, dass es vielleicht 1-2x/Woche ist.

An anderen Tagen ist es wieder sehr nett zwischen uns: Du vertraust mir intime Dinge an. Vor zwei Wochen warst du das erste Mal bei Dr. P. und hattest zwei lange Gespräche mit ihm. Jetzt nimmst du homöopathische Mittel.«

Traumgewicht und Magersucht – Erste Klinik

2010

Einweisung

Der nächste Tagebucheintrag vom 26. November 2010 (vollständig auf S. 37 f.) zeigt, wie sehr meiner Mutter mein erbärmlicher Zustand und unsere familiäre Situation nahe gingen:

»Mir wurde immer klarer, dass du armes Kind krank bist. So viele Verluste und Krankheiten, Omi ist gestorben, Oma nicht mehr die Fitte wie vorher [hier hat Mama untertrieben, Oma konnte durch ihren zweiten Schlaganfall nie wieder verständlich sprechen], Papa und Viktoria ausgezogen, ich krank, und die Krönung, dass dein geliebter Alexander Schluss gemacht hat!«

Nun lebte ich mit meiner kranken Mutter alleine in der großen Wohnung. Zu Dr. P. ging ich jede Woche. Homöopathische Mittel halfen natürlich nichts. Mit meinem Gewicht ging es weiter abwärts. Nach einigen Wochen stellte Dr. P. fest (er hatte bald auch meine Ritznarben auf dem Arm entdeckt), dass mir nur ein klinischer Aufenthalt helfen könnte. Er schlug mir zwei Kliniken vor. Ich entschied ich mich für die in Bonn – eine anthroposophische Einrichtung wie meine Waldorfschule.

Für die Einladung zu einem Vorstellungsgespräch musste ich einen Lebenslauf verfassen: zehn handschriftliche Seiten. Chronologisch stellte ich mein Leben dar, Familie, Schule, Krankheiten. Das Gliedern und Formulieren längerer Text fiel mir leicht. Die Ursachen und Verflechtungen mit unseren familiären Problemen sah ich damals nicht. Aber ich sollte ja nur beschreiben, nicht analysieren.

Über meinen irrwitzigen Traum, mich trotz (!) Klinik auf Modelgewicht steil runterzuhungern, schrieb ich natürlich *nicht*.

Kurz darauf, es muss Anfang Dezember gewesen sein, reiste mein Vater mit mir nach Bonn in die Klinik zum Vorstellungsgespräch. Schon beim Flug hüllte ich mich in düster-deprimierende Vorahnungen: Ich wollte nicht schon wieder begutachtet, ausgefragt, vermessen, gewogen und von meinem Ziel abgebracht werden.

*

»Nein, ich möchte keine Erdnüsse, Marsriegel auch nicht, danke. Tomatensaft? Ne, wirklich nicht. Wasser? Nein! Danke, gar nichts.« Die Stewardess schaut enttäuscht. Papa guckt komisch.

»Ist schon gut, Papa. Ich hab vorhin noch was gegessen.«

Lügen ist pfui, Notlügen sind ok. Ich bin ja *wirklich* satt. Alle Mineral-Leitungs-Sprudel-Stille-Wasser sind böse. Haben Kalorien. Machen dick.

Alles macht dick. Atmen geht auch gar nicht. Eigentlich. Weiß der Himmel, was sich dabei alles einschleicht. Hockt dann heimtückisch in jeder einzelnen Zelle und bläht sich auf. Der Körper ist so blöd, bunkert einfach *alles*. Er hat kein Recht auf Masse. Werde ihn besser erziehen. Mit Kontrolle und Entzug. *Peu à peu.*

Der Plan ist gut. Ich atme aus.

*

Nach dem Aufnahmegespräch sagte man mir einen Platz kurz nach Weihnachten zu. Natürlich wog mich eine Krankenschwester noch. Mein BMI, der Body-Mass-Index, wurde errechnet. Ich lag unterhalb der »Magersuchtsgrenze« von 17,5. Mein abgemagerter Körper hatte die typischen, eckig herausstehenden Beckenknochen (»Bikini Bridge«) und zwischen den Oberschenkeln die für Magersüchtige so begehrenswerte Lücke (»Thigh Gap«). Reif für die Klinik.

Unser Rückflug war gecancelt worden, und wir mussten eine Nacht im Flughafenhotel verbringen. Ich merkte, dass Papa den ungeplanten Reisestopp gerne mit mir ein bisschen genossen hätte. Er wirkte so erleichtert: seine Tochter endlich in richtigen Händen, bald auf dem Weg der Besserung. Es tut mir heute noch weh, dass ich mich nicht mit ihm mitfreuen konnte.

＊

15. Dezember 2010 (17 Jahre, 12. Klasse)

»Mein Kleines!

Die Ereignisse überschlagen sich. Du warst letzte Woche mit Papa in Bonn und hast dich in der Klinik vorgestellt und ab Weihnachten einen Platz bekommen. Die Krankenkasse bezahlt vier Wochen. Danach kommst du wohl in die therapeutische Wohngemeinschaft. Wunderbar! Es ist schön, dass du diese Perspektive hast.

Ich kann es hier auch nicht mehr leisten. Bin hier so geschafft von den Bestrahlungen, und für mich als Mutter ist es schrecklich, zu erleben, dass du den ganzen Tag nichts zu dir nimmst. Vor Weihnachten gehst du nicht mehr zur Schule. Frau R. hat mit der Klasse gesprochen. Dir war es unangenehm, dass sie Dinge gesagt hat, die du ihr anvertraut hast.

Du willst auch nicht, dass innerhalb der Familie darüber ehrlich gesprochen wird. Ich verstehe, dass du nicht von jedem darauf angesprochen werden willst. Es ist schon ein großer Schritt, dass Papa eingeweiht ist. Mir gegenüber bist du oft genervt und ziemlich ungefällig. Ich bitte jeden Tag eine andere Freundin um Hilfe, vor allem beim Kochen.«

＊

Es stimmt, ich hatte mich länger davor gedrückt, meinen Eltern von der »Diagnose Untergewicht« zu erzählen. Ich hatte Angst, dass sie sich schuldig fühlen würden, und weil sie selbst so große Sorgen und Ängste um Mama-Oma-Omi hatten. *Ich* fühlte mich schuldig. Meiner Mutter, meiner Vertrautesten, »beichtete« ich als erstes. Papa wurde später eingeweiht. Beide reagierten unerwartet lieb und verständnisvoll, machten mir keinerlei Vorwürfe. Die Tage bis zu meiner Einweisung verbrachte ich daheim. Ich war krankgeschrieben, musste nicht in die Schule. Das machte die Situation nicht einfacher. Seitdem das Thema Magersucht (ich!) so im Vordergrund stand, waren alle total verkrampft, auch ich.

Vor den Weihnachtsfeiertagen besuchten mich noch meine Freundinnen, um mich zu verabschieden. Alle bemühten sich redlich, *nicht* über meine Krankheit zu sprechen. Aber der Wurm war drin, sie redeten an mir vorbei und ich an ihnen.

Ich spürte ihre verstohlenen Blicke auf meinen Körperumriss unter Jeans und Sweatshirt. Ob sie mich mit einem Model verglichen? So schön war ich noch lange nicht!

Vermutlich waren meine Freundinnen ebenso angespannt wie ich und sorgten sich nur: »Findet ihr auch, dass Sabine *noch* dünner geworden ist? Sie sieht ja fürchterlich aus, so grau und eingefallen und knochig. Meint ihr, dass sie in der Klinik wieder ganz gesund wird? *Warum isst sie denn nicht einfach mehr?!*«

In dieser vorweihnachtlichen Wartezeit (Warten auf meine *Einweisung*) ging ich am liebsten lange und alleine spazieren. Es war Winter, in Berlin lag hoher Schnee. Ich liebte es, meine Fußspuren zu sehen – als ob mich ein körperloses Wesen still begleitete.

An Weihnachten besuchten wir Oma – diesmal nicht in ihrer Wohnung, sondern im Krankenhaus. Sie lag im Bett, war an eine Ernährungssonde angestöpselt und konnte nach ihren Schlaganfällen nicht mehr sprechen.

Früher waren Viktoria und ich an den aufregenden Tagen vor Weihnachten (hatte das Christkind unsere Wunschzettel bekommen und alle Geschenke schon unter den Christbaum gelegt?) immer bei ihr gewesen. Wir bastelten kleine Geschenke für die Eltern und sangen Weihnachtslieder zu Akkordeon und Geige. Erst an Heiligabend ging die ganze Familie in die Kirche und dann zu uns nach Hause zur Bescherung.

Jetzt war alles anders. So gerne hätte ich Oma erzählt, was mit mir los war, warum ich so sehr abgemagert war, so unruhig, so kraftlos. Sie spürte sicher, dass mit mir nichts mehr stimmte. Ich versuchte, sie etwas aufzuheitern, zum Lächeln zu bringen. Ob sie noch verstand, dass ich ihr Geschichten aus unserer Kinderzeit erzählte? Ich glaube nicht. Ihre Augen blickten mich an und durch mich hindurch. Sie versuchte immer wieder zu sprechen, es kamen aber nur dicke, verquollene Laute aus ihrem Mund, völlig unverständlich. Ich hielt ihre Hände, umarmte sie vorsichtig. Siebzehn Jahre hatte sie sich wie eine zweite Mama um uns gekümmert, liebevoll, zuverlässig, mit viel Verständnis und Humor.

Jetzt hatte die vertraute Oma uns verlassen. Tieftraurig, einsam und verängstigt nahm ich Abschied von ihr. Unter Haut und Rippen puckerte mein Herz; es war völlig neben dem Takt.

Oma lebte dann noch eineinhalb Jahre – bettlägerig und sprachlos. Nun lag auf Papa zusätzlich die ganze Verantwortung für seine pflegebedürftige Mutter.

Weihnachten 2010 feierten wir vier in gedrückter Stimmung. Omas lebensfrohe Lebendigkeit fehlten uns allen sehr. Pro forma zwang ich mich, ein paar Weihnachtsplätzchen anzuknabbern. Ich wollte nicht, dass mir unablässig tausend Augen folgten.

Am 26. Dezember flog ich mit Papa zum zweiten Mal innerhalb von drei Wochen nach Bonn. Trotz Schnee und vereister Startbahn kamen wir fast pünktlich an. Bepackt mit meinem schweren Koffer stapften mein Vater und ich zur Klinik.

»Kinder- und Jugendpsychiatrie – Station für essgestörte Jugendliche« – das klang gar nicht gut. Mir war zittrig und sterbenskalt. Das erste Mal seit meiner Geburt wurde ich nun stationär in einer

Klinik untergebracht. Ich befürchtete alles mögliche Schlimme: Wird man hier zum Essen *gezwungen*? Muss man *regelmäßig* essen? Wie *viel*? Die Ärzte machen sicher »Fleisch«-Beschau bei mir, rund um die Uhr! Wo sieht mich keiner, wenn ich ritze? Auf der Toilette? Alle werden mich sicher auslachen, weil ich *die Dickste* bin!

Die Gedanken irrten in meinem Kopf herum wie durchgeknallte Goldfische in der Glaskugel. Ich hatte Angst.

Dann musste Papa gehen.

Nur noch fremde Menschen, nur noch fremde Umgebung. So anders alles als in Neuseeland, denn da *wollte* ich damals hin – weit weg von meinen Problemen, in den Sommer, die Wärme, zum Meer mit Wellen und Strand. Hier hingen Palmen, Sand und blaues Meer nur als Poster schlaff angepinnt an der Flurwand.

Daneben einige, wohl von Patienten selbstgemalte Bilder. Nicht sehr erbaulich: strichdünn gezeichnete Körper mit grellroten Wunden und Blutstropfen, fette bleistiftschwarze Spiralen um voluminöse Körper, Tränen, die wie Perlen aus Augen tröpfelten, und ein Maßband, eng gezurrt um zartgelbe Seelchen, mit der bedeutungsschweren Aufschrift »zerooo-ooo-oh!«

Das war jetzt mein – hoffentlich bald vorübergehendes – Zuhause.

*

Das ärztliche Gutachten von Dr. P. zur Vorlage bei der Krankenkasse beschrieb am 7.12.2010 meinen Zustand und mich so:

»Meine Patientin S. H. leidet seit ca. 4 Jahren an einer komplexen Essstörung (Anorexia nervosa mit bulämischen Anteilen). Zur Zeit ist die Gewichtsentwicklung insofern als kritisch einzuschätzen, da sie ca. 5 kg innerhalb der letzten 5 Wochen abgenommen hat und nun 47 kg wiegt bei einer Größe von 174 cm, was einem BMI von 15,5 kg/m² entspricht. Per definitionem entspricht ein BMI von kleiner 17,6 kg/m² bei einem Alter von 17 Jahren einem starken Untergewicht.

Zusätzlich leidet die Patientin unter einer ausgeprägten Wärmehaus-haltsstörung, einer orthostatischen Dysregulation, einem Laxantien-abusus, einer mittelgradigen depressiven Verstimmung und einer Zwangserkrankung. Aufgrund familiärer Schwierigkeiten kam es zu der letztgenannten dramatischen Gewichtsabnahme. (…)«

Zur weiteren Therapie schrieb Dr. P.:

»Ziel ist es, zum einen eine nachhaltige Gewichtszunahme zu erreichen und zum anderen, Strategien zur Krankheitsbewältigung und Umgang mit dem eigenen Perfektionszwang zu erlernen.

Aufgrund der schwierigen familiären Verhältnisse erscheint derzeit eine stationäre Therapie unabdingbar und notwendig, noch dazu Frau H. sehr gut motiviert ist, diese durchzuführen.

Eine nachfolgende psychotherapeutische Behandlung ist ebenfalls unverzichtbar.«

✳

Die Ärzte auf der »Station für essgestörte Jugendliche« bestätigten und präzisierten diese Diagnose. Ich war Anorexie pur:

»… mit deutlicher Gewichtsabnahme, Ausbleiben der Regel, fehlendem Appetit bzw. Sättigungsgefühl, anhaltenden Schlafstörungen, Haar-ausfall, starkem Schwindel beim Aufstehen, ständigem Frieren und Missbrauch von Abführmitteln.«

Das hatte ich bislang noch nicht erwähnt: Ich nahm hochheimlich Abführmittel, nicht zu knapp.

Nahrung durfte mich nicht nähren, durfte sich nie und nimmer als Sabine-eigene Quellmasse ablagern. Jeder kleinste runtergeschluckte Bissen machte mir ein quälend schlechtes Gewissen. Wenn Nahrung, dann nur als Durchlaufprodukt. Schnell rein, schnell raus – so ließen sich die fetten *Kilo*kalorien kontrollieren, ausstoßen, wegspülen.

Das war nur einer von »Pro Anas« fiesen Tricks.

Ich beherrschte alle. Sie beherrschten mich.

Essgestörte Jugendliche

In der ersten Nacht auf der Station war ich noch alleine in dem etwas kargen Zweibettzimmer. Dann zog ein Mädchen ein. Überraschung und Erleichterung: Wir waren uns auf Anhieb sympathisch. Zum ersten Mal konnte ich mich mit einem Menschen austauschen, der die gleichen Probleme hatte wie ich. Wir redeten gleich länger über uns – und den im neuen Jahr drohenden Klinikalltag.

In den Tagen zwischen Weihnachten und Neujahr war es auf der mit zehn Mädchen vollbesetzten Station noch ruhig. Wir hatten Ferien, keinen Schulunterricht und den ganzen Tag Zeit zum Spiele spielen, Basteln oder Lesen. Den Silvesterabend verbrachten wir mit einigen Betreuern. Wir gossen Blei und ließen in einer Wasserschüssel kleine Nussschalen-Boote schwimmen. Jedes der Boote trug ein gefaltetes Zettelchen mit einem Text. Jede von uns sollte sich zufällig ein Boot aussuchen. Ich war baff über meinen Spruch:

»Wenn du denkst, es geht nicht mehr, kommt von irgendwo ein Lichtlein her.« Das war seit Jahren *mein* Lieblingsspruch – welch gutes Omen für das Jahr 2011! Ich täuschte mich.

Der Alltag auf der Station war streng getaktet:

Morgenrunde (Stuhlkreis, kurze Geschichte vorlesen oder in einem Kurzreferat eine Stadt oder einen Maler vorstellen);

Frühstück (45 Minuten);

Schulunterricht (da jede in eine andere Klasse ging, hatten wir Einzelunterricht, bei mir Deutsch, Englisch, Mathe der 12. Klasse);

Zwischenmahlzeit (musste man nicht);

Mittagessen (von jedem Essen mindestens drei Löffel probieren);

Mittagsruhe (Liegen mit Schlafen oder Lesen);

Therapien (Musik, Malen oder Plastizieren, ich arbeitete mit Ton);

Zwischenmahlzeit (musste man nicht);

Spaziergang (nur erlaubt, wenn man genügend Gewicht hatte);

Abendessen (45 Minuten);

Gemeinschaftsaktion (Spielen, Vortrag oder Basteln);

Bettruhe um 22 Uhr.

Ruhe gab's dann noch lange nicht. Kaum etwas macht mehr Spaß, als Regeln insgeheim zu unterlaufen. Obwohl streng verboten, schlichen wir uns nachts auf die anderen Zimmer und quatschten stundenlang über alles, was Mädchen interessiert (Jungs, Mode, Schminken, Figur). Von Alex erzählte ich nichts, das tat immer noch zu weh. Ritzen war natürlich verboten. Trotzdem tat ich es einmal, wurde prompt erwischt und musste alles Spitze – Nagelscherchen, Papierschere und meinen Rasierer – abgeben. Ohne Ritzen ging es mir gar nicht gut, ich fühlte mich wie dick verstopft. Doch ich gewöhnte mich daran, ebenso an die regelmäßigen Mahlzeiten. Ich gab mir wirklich Mühe, drei- oder sogar fünfmal am Tag das »Muss-Soll-Darf-Kann-Essen« gegen meinen Würgereiz runterzukriegen. Löffelchen, Schlückchen, Bröckchen, Krümelchen … Das war mein Kampf.

Wir Mädchen wurden bald gute Freundinnen, mit einigen bin ich heute noch in Kontakt. Unsere »Gemeinschaft der Essgestörten« hielt zusammen. Wir gaben uns Tipps – nicht zum Abnehmen, sondern wie man später, im echten Leben, mit Essproblemen vielleicht besser umgehen kann.

*

Berlin, 6.1.2011 (17 Jahre, 12. Klasse)

»Hallo Kleines!

Jetzt bist du schon 1 ½ Wochen in der Klinik. Du fühlst dich ganz wohl, vor allem sicher, weil du ehrlich sein darfst. Die anderen sind in der gleichen Situation bzw. Fachleute. Es gibt strenge Regeln: So darfst du normalerweise nur dienstags telefonieren (mit allen) zu bestimmten Zeiten. Am Wochenende bekommen die Anderen Besuch von ihren Familien und dürfen nach und nach auch mit ihnen raus. Es tut mir Leid, dass das bei uns nicht möglich ist. Aber dafür darfst du mit uns dann auch 1 Std. telefonieren. So auch heute. Du hast wohl große Probleme, was zu essen und bekommst deshalb Psychopharmaka (gegen das schlechte Gewissen). Davon wirst du aber sehr müde. Außerdem klagst du, dass du dich nicht konzentrieren kannst und Probleme beim Lesen hast. Aber es ist vielleicht ganz gut, wenn du alles mal loslässt.«

*

Berlin, 9.1.2011 (17 Jahre, 12. Klasse)

»Mein Kleines!

Heute ist Sonntag, Telefontag für die Familie, und um 11 Uhr kommen Papa und Viktoria zum Frühstück. Bei dir rufen wir dann nach 3 Uhr an. Ihr hattet dann Mittagspause/ruhe. Dir scheint es langsam etwas besser zu gehen, nimmst dir in kleinen Schritten vor, etwas zu essen. Ich wünsche dir wirklich, dass du Erfolg hast!

Draußen ist Tauwetter, und ich kann langsam und ganz vorsichtig ein bisschen raus. Als du noch hier warst, hast du mich oft begleitet, zu Fuß sehr widerwillig, aber im Auto gerne. So konntest du ein bisschen [begleitet] fahren. Jetzt bist du schon 2 Wochen weg. Meinst selbst, dass dir vier wohl nicht reichen. Die anderen bleiben 8 Wochen und länger.«

*

Jeden Tag nach dem Essen lag auf einem Tisch Post. Sehnsüchtig stürzten wir uns auf Nachrichten von zu Hause. Die Postkarten hängten wir in unseren Zimmern an Schnüren auf; das machte alles etwas bunter und erinnerte uns an unsere Freunde »draußen«. Vollends glücklich war ich über einen riesigen Briefumschlag, aus dem mir viele kleine Zettel entgegenflogen. Fast die ganze Schulklasse hatte mir geschrieben. Sie hatten mich nicht vergessen! Noch heute hängen diese Zettel als Collage in meinem Zimmer.

*

Berlin, 10.2.2011 (17 Jahre, 12. Klasse)

»Meine Line!

Nun bist du schon über 6 Wochen dort. Am letzten Wochenende durftest du auch mal herkommen. Für dich ist es sehr hart, dass die Anderen Besuch von ihren Familien bekommen und stückweise die Klinik verlassen dürfen: erst stundenweise, dann einen Tag ... Für dich ist es durch die Entfernungen natürlich was völlig anderes. Du hattest bis jetzt keinerlei Besuch und konntest nur zu den täglichen Spaziergängen das Gebäude verlassen. Es war schön mit dir; du hast die Großstadt genossen und auch, in deinem eigenen Bett zu schlafen. Du hast sehr auf deinen Rhythmus und das regelmäßige Essen geachtet. Und du wärst natürlich am liebsten hier geblieben. Als wir dann am Dienstag, deinem Tel-Tag, miteinander gesprochen haben, hast du zunächst viel geweint, weil du dich eingeschlossen fühlst und alle Anderen jetzt nach und nach entlassen werden. Beim 2. + 3. Telefonat am Dienstag hattest du dich wieder etwas beruhigt. So, wie es aussieht, wirst du wohl nach 8 Wo. entlassen und ziehst dann erstmal in die therapeutische WG. Dafür gibt's nächste Woche noch eine Tel-Konferenz mit allen Beteiligten. Auch Papa und ich sollen dann ins Jugendamt.«

*

Übers Wochenende zwei Tage zu Hause, zwei Tage in der Großstadt Berlin! Mit meiner Mutter fuhr ich zum Kudamm, ins Restaurant Mövenpick. Ich fühlte mich der Sache gewachsen, konnte etwas essen *(Mittagessen 12 Uhr, mindestens drei Löffel probieren)* und genoss es, wieder unter vielen Leuten zu sein. Ich war wie ausgewechselt: wach und aufmerksam. Die Isolation auf der Station kam mir von hier aus sehr unwirklich vor. Bei Meinungsverschiedenheiten schafften Mama und ich es elegant, tückische Streitklippen zu umschiffen.

Später traf ich noch meinen Vater alleine. Er war wie gewohnt ruhig und ausgeglichen. Das gab mir Kraft. Als am Sonntag noch meine Schwester aus Dublin angeflogen kam, gingen wir alle zusammen in heiter-zuversichtlicher Stimmung essen. Meine neu gewonnene Kraft aus sechs Wochen Jugendpsychiatrie strahlte über uns.

Widerstrebend musste ich dann zurück in die Klinik. Noch zwei Wochen auf der Station – länger zahlte auch die Kasse nicht.

✳

Berlin, 21.2.2011 (noch 17 Jahre, 12. Klasse)

»Mein Kleines!

noch ne Woche (knapp) und du bist 18! Morgen fliegt Papa nach Bonn und holt dich nach 8 Wo. ab aus der Klinik. Aber die Zeit hat dir gut getan, und jetzt fällt es dir fast schwer, zu gehen. So nette Mädchen sind auf der Station. Und du kannst das Leben auch wieder genießen. Damit du weiter Unterstützung bekommst, wirst du am Donnerstag Nachmittag in die therapeut. WG ziehen. Schön, dass es so nah ist! Papa war auch noch bei der Ärztin für Kinder- und Jugendpsychiatrie im Amt. Es scheint jetzt alles okay zu sein. Nur ist noch nicht klar, wie viel wir zahlen müssen.

Du musst dann zu verschiedenen Therapien und wir auch. Ich fahre am 15. März zur Reha. Gut, dass du dann nicht alleine hier bist!

Heute Abend wirst du kommen. Mal sehen, wie es dir geht, hier so allein. Bei mir ist nach so einem Klinikaufenthalt oder Kur erstmal ein Loch, und die Anderen fehlen mir. Auch der Rhythmus.

Morgen hast du einen Termin bei der Ernährungsberaterin der WG. Kannst dich immer noch entscheiden, welches Zimmer du möchtest. Viktoria will bei deinem Umzug auch unbedingt dabei sein.«

✳

Mein Vater holte mich in der Klinik ab. Der Flug zurück nach Berlin ging erst abends. In der Zwischenzeit schauten wir uns noch ein Museum an. Ich war so erleichtert, dass ich hier alles hinter mir lassen konnte. Doch mit jeder Meile in der Luft schrumpfte meine Vorfreude kläglich.

Mir grauste vor den Erwartungen. Dachten alle, dass ich jetzt wieder *wie früher* wäre? Ich wusste doch selbst nicht mehr, wie sich stabiles *Gesundfühlen* anfühlt. Wie geht *Hunger*? Wie geht *normal* essen? Wie geht *satt sein*? Wie kann man stundenlang *nicht* an Essen denken, *nicht* Kalorien, *nicht* Kohlenhydrate zählen, sich *nicht* wiegen, sich *nicht* kontrollieren …?

Immerhin wog ich jetzt 52 Kilo – ganze 5 Kilo mehr, als bei meiner Einweisung vor zwei Monaten.

Ein hart erkämpfter Erfolg, lobte meine Psychologin beim Abschied, ich sollte stolz auf mich sein. Ich wäre ja gern stolz gewesen. Aber nicht stolz und dick, sondern stolz *und schlank*!

✳

Nach der Klinik schlief ich eine Nacht bei meiner Mutter in der Wohnung, dann ging es schon in die therapeutische Wohngemeinschaft. Ich hatte zwiespältige Gefühle: Einerseits wollte ich in meinem Zimmer, in meinem Zuhause bleiben, andererseits wusste ich, dass ich dem Sog der Sucht alleine, ohne Hilfe anderer nicht widerstehen könnte. Mit dem Kopf wusste ich das.

In einem erforderlichen Motivationsbrief an das »Amt für betreutes Wohnen« bei der Jugendhilfe Berlin hatte ich noch in der Bonner Klinik meine Ziele und Erwartungen für die WG bemüht ehrlich beschrieben:

»Hier möchte ich einen Weg zu meiner Gesundung, aber auch zu mir selbst finden und gleichzeitig versuchen, einen Abstand zu meinen alten Gewohnheiten zu bekommen. In der Vergangenheit habe ich

meine Mutter eigentlich nie wirklich gesund sehen können, da sie durch die MS Erkrankung und nicht zuletzt dem Brustkrebs und auch vor kurzem den Hüftmetastasen, sich Operationen unterziehen musste, und in ihren Fähigkeiten sehr eingeschränkt war.

In den letzten Jahren haben sich die Ereignisse fast überschlagen; hatte ich gerade von der einen Krankheit oder Diagnose erfahren, kam schon die nächste. (…)

Mir ist es noch nie wirklich leicht gefallen, ganz offen über meine Probleme und Ängste zu reden; einmal weil ich dachte, dass dadurch meine Beziehung zu meinem Freund kaputt gegangen sei, aber auch, weil ich meine Familie nicht noch mehr belasten wollte, als sie sowieso schon war.

Für die Zukunft würde ich mir sehr wünschen, einen geregelten Tagesablauf zu haben und Menschen/Therapeuten, denen ich mich in schwierigen Situationen anvertrauen kann. Ich möchte nicht aus der Klinik nach Hause kommen und die gleiche Situation wie davor haben. Ich versuche hier, ein stabiles Gewicht halten zu können.

Außerdem würde ich gerne die Dinge, die ich hier lerne, vertiefen und beibehalten, wenn ich nach Berlin und in meine Schule zurückkehre. Ich denke, es wäre sinnvoll, eine weitere, fortführende Betreuung zu erhalten.

Es ist unmöglich, dass meine Mutter so auf mich und meine Essgewohnheiten achten könnte, wie es in einer speziellen Wohngemeinschaft für Menschen mit Essstörungen der Fall ist.

Ich fände es außerdem schön, mit anderen zusammen leben zu dürfen, die ähnliche Probleme wie ich hatten und ähnliche Ziele vor Augen haben wie ich. Auch Gruppengespräche, ein fester Rahmen, eine Ernährungsberatung und in gewisser Weise auch eine Kontrolle für mich, wie ich durch meinen Aufenthalt hier in der Bonner Klinik erfahren habe, sind ganz wichtig.«

Betreutes Wohnen – Gruppenzwang

2011

Mamas Tagebuch zum 18. Geburtstag

Vier Tage vor meinem 18. Geburtstag zog ich mit Sack und Pack in die therapeutische Wohngemeinschaft – mit großem Respekt und mulmigem Gefühl in jeder Pore. Was mich etwas beruhigte: Das Gebäude, ein schöner Altbau in Berlin-Dahlem, steht in einer angenehm belebten Straße, mitten im echten Leben.

*

26.2.2011 (noch 17 Jahre, 12. Klasse)

»Liebe Line!

Du bist gerade beim Brunch mit deiner WG. Dann kommst du her zum Kuchenbacken. Heute Abend kommen einige Klassenkameradinnen her. Dann wollt ihr zusammen ins Kino und in eine Bar. – Vorgestern bist du umgezogen. Hattest gar keine Lust dazu: wieder neue Leute, immer über Essen reden, über die Krankheit definiert werden ... Aber als wir dann da waren, konntest du dein Zimmer auswählen. Viktoria war auch total begeistert von allem. Also alles viel gechillter, als erwartet. Auch du bist erstaunt, dass ihr in die Küche dürft, kochen, was ihr wollt. In der Klinik war alles viel strenger. Ihr durftet nicht einmal an den Kühlschrank. Trotzdem stört dich sehr die Kontrolle, die vielen Termine, Gruppengespräche usw. Kann ich gut verstehen. Trotzdem glaube ich, dass es gut für dich ist, in eine andere Umgebung zu kommen, damit du nicht wieder in die alten Verhaltensmuster verfällst.

Davon abgesehen ist es auch für unsere Beziehung besser, wenn wir etwas Distanz haben. Es ist auch schön, dass es so in der Nähe ist!«

*

Urplötzlich, am 28. Februar, war ich dann erwachsen. Von allen lieben Geschenken, die ich zu meinem 18. Geburtstag bekam, erfreute mich am meisten mein erstes Auto, ein gebrauchter hellgrüner Golf 4. Endlich durfte ich alleine fahren. Freiheit!

Das persönlichste Geschenk war und ist das Tagebuch mit den vielen Brieflein meiner Mutter an mich: »Meine liebe kleine Sabine! Meine Bienchen! Meine Line! Mein Kleines!«

Den unvergleichlichen Wert des bis zur letzten Seite dicht beschriebenen Büchleins über meine achtzehn Lebensjahre lernte ich erst jetzt, beim Erinnern, Recherchieren und Schreiben meines Albtraums, richtig zu schätzen. Mit ihrem lieben, klaren und – im besten Sinn – unsentimental-kritischen Blick hat sie mich, meine persönlichen Eigenarten und mein Abgleiten in Krankheiten beschrieben. Ihre mütterlichen Beobachtungen sind wohl deshalb so treffend, da manchmal Wochen und Monate zwischen den Einträgen lagen. Während ihrer unzähligen medizinischen Kuren und Reha-Aufenthalte hatte unsere Mutter Ruhe und vielleicht auch den äußeren und inneren Abstand, ihre beiden Töchter (Viktoria bekam ihr Tagebuch zwei Jahre vor mir) aus der Ferne zu *sehen*.

Es bewegt mich, wie Mama sich in den Einträgen selbst weitgehend zurücknahm, ihre eigenen Krankheiten nur vereinzelt andeutete und ihre persönlichen Sehnsüchte und Schmerz, Trauer und Verzweiflung nicht zum Thema machte. Ihre Umsicht und Sorge galt und gilt uns – und in den letzten Jahren (leider!) besonders mir, dem jüngsten »Krankheitsmagneten« in der Familie.

Nun muss ich hier ohne ihren schriftlichen Rückhalt, ohne diese zweite Stimme weiterschreiben. Ich will es schaffen.

Danke für alles, Mama!

PS: Ein von dir notierter Ausspruch der kleinen Sabine (7,5 Jahre): »Mama, du bist so neutral. Ich weiß aber nicht, was das ist.«

Zu viel von allem

Die dem Kindsein frisch entschlüpfte Sabine lebte sich nun in ihre erste (und einzige) betreute Wohngemeinschaft ein. Die anderen vier Mitbewohnerinnen schienen in Ordnung zu sein. Ich war die einzige, die auf ein Gymnasium ging und der das Vor-Abitur drohte. Das gab bald Probleme. In der WG wurde man zu einer Unmenge von Terminen und Aufgaben verpflichtet:

gemeinsames *Frühstück* an Wochentagen, *Schule* (oder Ausbildung, Arbeit, Studium), *Mittagessen*, nachmittags und abends *Einzelgespräche*, *Gruppentherapie*, *Gruppenabend*, *Gruppenernährungsberatung*, gemeinsames *Abendessen*, offener Abend, Bett.

Dazu noch die *Zwischenmahlzeiten* und das wöchentliche *Wiegen*.

Außerdem:

je 1x / Monat: gemeinsamer *Restaurantbesuch*, *Gruppenaktivität* und *Elterngespräch* (Psychologe, beide Eltern, Kind);

je 1x / Woche: *Ernährungsberatung* und (externe) *Psychotherapie*;

2x / Woche: alleine *einkaufen* und *kochen* für die ganze Gruppe.

Alles zusammen: ein Riesendilemma für mich. Ich war im zweiten Halbjahr der 12. Klasse, das hieß pauken ohne Ende, kam oft erst spät von der Schule und musste dann noch Hausaufgaben machen. Am allerschlimmsten fand ich die Gruppentherapie. Wir von der WG und ein paar Externe, die ich nicht kannte, saßen im Stuhlkreis und sollten unter Anleitung einer Psychologin reden:

»Ich lade euch ein, dass ihr euch öffnet. Sprecht über eure Probleme. Sabine, du hast schon lange nichts mehr gesagt. Möchtest du heute …?«

Mein größtes Problem war die Gruppentherapie. Zähneknirschend ging ich hin und saß meine Zeit ab – eineinhalb endlose Stunden;

alle paar Minuten musste ich auf die Uhr schauen. Wieder hockte ich da wie die personifizierte Gruppenangst: Ich bin zu *dick*, *keiner* nimmt mich ernst, ich gehöre *nicht* dazu. Die anderen plapperten über ihre Probleme. Ich versuchte vergeblich, mich in Luft aufzulösen.

Aus der WG war ich in der Tat etwas ausgegliedert. Durch meine schulische Überlastung hatte ich nur selten Zeit, mit meinen Mitbewohnerinnen etwas zusammen zu unternehmen. Von unserer Fünfer-Gemeinschaft waren zwei (darunter ich) hauptsächlich wegen Magersucht dort, die anderen drei wegen Bulimie.

Es gab zwei Bäder im Haus – eins im Erdgeschoß für die Betreuer und eins im ersten Stock für die Bewohnerinnen. Oft war das obere Bad einfach widerlich, wenn sich ein Mädchen mal wieder übergeben und nichts weggeputzt hatte.

Was mir in der therapeutischen WG gut tat: die feste Struktur; sie gab mir Halt. Was mir nicht gut tat: die feste Struktur mit den vielen Terminen; sie engte mich ein. Nur aus Mangel an Zeit musste ich meine gewohnten Leistungen in der Schule runterschrauben.

Zweck der betreuten WG: kontrollierte Gewichtszunahme. Ein ausgeklügeltes Punktesystem sollte uns animieren und belohnen. Für jede komplett geschaffte Mahlzeit gab es 1 Punkt. Hatte man genügend Punkte gesammelt, konnte man eine Mahlzeit in der WG ausfallen lassen und dafür zur Familie oder zu Freunden abdüsen. Seit jeher hasse ich es, wenn ich zu etwas gezwungen werde. Alles in mir sträubt sich dagegen. Und oft schaffte ich die Essensportion nur um Haaresbreite nicht: Mit aller Mühe hatte ich mich durch die Mahlzeit gekämpft – und scheiterte dann am aller-aller-letzten Bissen, der sich nicht mehr runterwürgen ließ.

Ergebnis: 0 Punkte (zum Kotzen, rein theoretisch).

Aufbegehren: zwecklos, ich durfte nicht weg.

Druck und Flucht

Für einen Langzeitaufenthalt in der betreuten Wohngemein-schaft war es Pflicht, einen eigenen, externen Psychologen zu konsultieren. Mein Vater suchte mir einige in erreichbarer Nähe aus. Leider waren alle schon ausgebucht – Wartelisten von vielen Monaten. Aussichtslos. Ein Betreuer drückte mir einen Zettel mit der Telefonnummer eines Therapeuten in die Hand.

Wenige Tage später stellte ich mich bei Dr. H. vor. Er war relativ jung, und die ersten Sitzungen verliefen akzeptabel. Er versuchte es mit Gesprächen über meine Familie und mit Körpertherapie. Ich musste mich vor einen großen Spiegel stellen und mich »wahrnehmen«. Ich nahm mich wahr und befand mich zu dick. Viel zu dick.

Ich weiß nicht genau warum, aber zwischen uns baute sich kein Vertrauen auf. *Ich* fand kein Vertrauen zu ihm. Mehrere Wochen schleppte ich mich zu den Sitzungen. Aber nur, weil ich musste. Mit meiner Essstörung und Selbstwahrnehmung kamen wir kein Stück weiter. Nutzlose Stunden, vertane Zeit. Ich brach die Therapie ab.

Manchmal hätte ich schreien können. Von allen Seiten musste ich mir anhören: »Du musst!« »Du musst zur Therapie gehen.« »Du musst etwas essen, du musst …« Blablabla. Manchmal wusste ich nicht, ob ich mir die Stimmen inzwischen schon einbildete. Ich wollte nur eins: über mich selbst bestimmen, über *mein* Gewicht, über *meinen* Körper.

Heute erschrecke ich über die naive Illusion, *es* selbst zu schaffen. Längst hatte sich in mir die abartige Überzeugung verbissen: Mein Körper ist falsch, sein Gewicht blockiert mein Leben. Nur noch ein bisschen abnehmen, und alles ist gut. Nichts und niemand hätte mich damals noch davon abbringen können. Ich bockte und blockte.

Wider Willen nahm ich durch das strenge Essensreglement in der Wohngemeinschaft zu. Auf der Waage machte ich mich zwar immer ganz leicht *(ausatmen, mich nach oben denken)* – dennoch zeigte sie jede Woche einige Gramm mehr an. Vielleicht war die Waage falsch geeicht?

*

Im Frühsommer 2011 stand die Klassenfahrt der 12. Klasse an. Flaue Gefühle. Eine überlange Woche mit Lehrern und einem Haufen Mitschüler nach Budapest und Wien. Alle freuten sich. Ich nicht.

Im Bus herrschte aufgekratzte Stimmung. Kaum auf der Autobahn, mampften alle über Stunden tütenweise Süßkram in sich rein, dazu Wurstbrötchen, Käsestullen, gekochte Eier, Fleischfrikadellen (»Hey Sabine, magst du auch eine?«), natürlich alles mit literweise Cola runtergespült. Ich simulierte Übelkeit vom Fahren, zog mir meinen Pullover über den Kopf, stellte mich schlafend und grübelte stundenlang im Halbdunklen, wie ich die endlos vielen Gruppenmahlzeiten auf der Reise durchstehen sollte.

Werden die anderen gucken, was und wie viel ich esse? Alle wussten jetzt von meiner Essstörung. Oh Gott, ich *muss* doch dreimal am Tag essen, sonst krieg ich keine Punkte! Wo kann ich mich wiegen? Hab ich mein Scherchen in den Rucksack eingepackt?

Es kam dann halb so schlimm, zumindest fühlte ich mich beim Essen nicht ständig beobachtet. Das Problem war wieder einmal ich. Auf der Klassenfahrt fiel es mir schwerer denn je, etwas zu essen. Ich konnte das einfach nicht in Gesellschaft. Trotzdem nahm ich in den zehn Tagen kein einziges Gramm ab. Das machte mich fast wahnsinnig. Ritzen half kurzfristig. Budapest und Wien zogen schemenhaft an mir vorüber; ich dachte nur ans Nicht-Essen. Auf der Heimfahrt keimten gute Gefühle: Ich freute mich auf Alexander.

*

Zweimal pro Woche war ich dran mit Kochen für die Wohngemeinschaft. Das hieß: vorher alleine einkaufen gehen. Das hieß: heimlich meinen »nur-guten-Freund« Alexander treffen. Wieder dieses Kribbeln, es zog uns magnetisch zusammen. Wir spielten mit dem reizvollen Gedanken, irgendwann zusammen zu leben. Kleine geistige Fluchten, die mein hochkompliziertes Leben mit Essstörung, WG-Zwängen und Überlastung in der Schule erträglicher machten. Dann Sommerferien, Badeurlaub auf Rügen mit meinen Eltern und meiner Schwester. »Dank« der betreuten WG wog ich jetzt vier Kilogramm mehr: 55 Kilo! Der Bikini machte mich noch fetter. Um Druck abzulassen, suchte ich Streit. Ich schaffte es, uns allen den Urlaub komplett zu vermiesen. Wieder und wieder fing ich an mit dem Reizthema: »Mir bringt die WG nichts! Mir ist alles zu viel! Ich werde ausziehen!« Meine Eltern waren entsetzt. Von Alexander erzählte ich noch nichts. Endlose Diskussionen. Ergebnis: Ich floh vorzeitig nach Berlin und zu Alexander.

Zu meiner Mutter hatte ich dann wenig Kontakt. Mit Papa machte ich Ausflüge mit dem Auto oder Tandem. Ein Genuss für beide.

Im September zog ich nach acht Monaten aus der betreuten WG aus und mit Alexander in unsere erste gemeinsame Wohnung in Steglitz. Zum Glück lag sie im ersten Stock, und wir schafften meine Sachen aus der WG und alles, was ich noch bei meiner Mutter hatte, ziemlich schnell hoch. Nun waren Alex und ich ein glückliches Paar!

Betreuer aus der WG kümmerten sich weiter um mich. Sie kamen zu mir in die Wohnung, wir besprachen meinen Essensplan für die Woche, kauften zusammen ein oder kochten gemeinsam.

Eine Woche Urlaub in London machte meine Fortschritte zunichte. In wenigen Tagen nahm ich zwei Kilo ab. Die Betreuer machten mir die Hölle heiß: »Sabine, du *musst* wieder zunehmen!« Dieser Druck war mir endgültig zu viel. Ich brach auch die externe Betreuung ab.

Dunkle Zeiten – Zweite Klinik

2011

Psychiater des Vertrauens

Wieder hatte ich meinen Kopf durchgesetzt. Jetzt war ich für mich alleine verantwortlich; keiner konnte/durfte mir mehr dreinreden. Alexander war mit seinem neuen Job in der IT-Branche voll beschäftigt und den ganzen Tag außer Haus. Ich konnte, von jeder Kontrolle befreit, endlich essen, was und wann ich wollte: jederzeit kaum mehr als einen Hauch von Nichts.

Sabine im Wahn der kompletten Selbst-Fehleinschätzung.

Das Abitur stand erst im Mai 2012 an, rückte aber Tag für Tag unerbittlich und bedrohlich näher. Meine selbstgewählten Leistungskurse Biologie und Kunst wurden ab jetzt in Doppelstunden unterrichtet – das hieß volle Konzentration über Stunden. Psychisch sackte ich ab, sah alles nur noch schwarz: *Nie* würde ich das Abitur schaffen, *sicher* würde ich durchfallen. Brutale Panikattacken mit Zittern, kaltem Schweiß und stets nahe dem körperlichen Totalzusammenbruch. Ich hätte es damals nicht wissen wollen: Ich hatte Depressionen.

Mein Arzt Dr. P., der mich in die Jugendpsychiatrie in Bonn eingewiesen hatte, sah und hörte meine Verzweiflung (»Ich *muss* bis zum Abi durchhalten!«) und verschrieb mir Antidepressiva. Morgens und abends nahm ich je eine Tablette. Die schrillsten Spitzen meiner Panikgedanken brachen ab. Allerdings machten mich die Tabletten so müde, dass mir während des Unterrichts oft die Augen zufielen. Ich überflog die Packungsbeilage: tausend Nebenwirkungen. Die waren mir alle ziemlich egal – bis auf eine: *Gewichtszunahme!* Meine Alarmglocken schrillten. *Niemals!*

Zusammen mit Alexander entschied ich, dass ich einen Psychiater bräuchte, der sich mit Psychopharmaka und deren Nebenwirkungen auskannte.

Die Suche war nicht einfach, aber wir fanden einen Dr. Wintersee, der seine Praxis ganz in unserer Nähe hatte.

Dr. Wintersee, der mich seit Längerem jetzt wieder psychiatrisch begleitet, war mir von Anfang an sympathisch: ein Mann Ende Vierzig, der mir *wirklich* zuhörte und *gemeinsam mit mir* Lösungen suchte. Seine Anerkennung und sein Interesse an meiner Person trafen mich so unvermutet und warm, dass es mich fast verlegen machte.

Wir beschlossen, meine »Abstumpf-Müde-Dickmach-Tabletten« auszuschleichen und anschließend mit einem neuen Medikament zu beginnen.

Unser Plan war gut, schlug aber in diesem ersten Anlauf fehl. Ich spürte keine Verbesserung, ganz im Gegenteil: Immer öfter hatte ich Momente, in denen ich nicht mehr ansprechbar war. Ich selbst merkte natürlich nichts davon. Alexander meinte, dass ich dann nur sitzen und vor mich hinstarren und auf nichts reagieren würde. Was ich in diesem Zustand mehr fühlte als dachte:

Ich kann nicht mehr, ich will sterben, ich will tot sein.

Beim nächsten Hausarzttermin berichtete ich Dr. P. von meinen Suizidgedanken. Er reagierte sofort, benachrichtigte meine Eltern und Alexander und fuhr mit mir in die Notaufnahme einer psychiatrischen Klinik.

Auf der Geschlossenen

Mit Dr. P. an meiner Seite wartete ich hochnervös auf den zuständigen Arzt. Man fragte mich schließlich ein paar Dinge, erkannte mich als »Akut gefährdet! Borderline?« und wies mich (18) in die geschlossene Psychiatrie für Erwachsene ein. Ich weiß nicht, ob ich in diesen Stunden irgendetwas fühlte. Vielleicht Erleichterung, dass man mir die Leben-Tod-Entscheidung für's Erste abgenommen hatte? Die Leibesvisitation nach spitzen und gefährlichen Gegenständen aller Art ließ ich mit mir machen. Dann hatte ich keinen Kugelschreiber mehr, keine Nagelschere, nicht einmal mein Handyladekabel. Meine Zimmernachbarin musste sogar den Gürtel ihres Bademantels abgeben. Suizidgefahren erkannt und gebannt.

In den ersten Tagen und Nächten auf der Geschlossenen fühlte ich mich einsam, schüchtern und total verunsichert. Um die verstörende Situation auszublenden, zog ich mich wohl in einen »dissoziativen Zustand« zurück: Ich hörte nichts. Ich sagte nichts. Ich sah nichts. Wie die berühmten drei Affen in Personalunion.

Mein mir eigener Drang zur Perfektion zauberte noch einen vierten Affen herbei: einen, der nichts fühlt.

So ein dissoziativer Zustand ist trotz Komplettabschaltung der Außenwelt nichts Schönes. Die Welt der »anderen« (Zimmer, Menschen, Geräusche) ist ersatzlos weg; das macht bei Megastress Sinn. Was sich nicht eliminieren ließ: mein kleines, stumpfes, taubes, *nichtsfühlendes* Ich. Sonderbar. Ich blieb sozusagen auf mir sitzen.

Nach ein paar Tagen *spürte* ich, dass ein dissoziativer Zustand wieder kurz bevorstand. Ich schaffte es, einem Pfleger Bescheid zu sagen. Er zeigte mir Übungen zum Verstärken des Selbst-Fühlens: an seinen Arm eingehängt die langen Stationsflure immer wieder auf und ab gehen, dabei mit den Füßen fest aufstampfen und das kalte Metall der Türen anfassen. Diese Strategie half mir, auch später.

Das Leben auf der Geschlossenen war schon ziemlich verrückt. Ich erinnere mich nur an einen älteren Mann mit ungeheurem Redebedarf. Er quatschte mir (und auch jedem anderen, den er zu fassen kriegte) stundenlang die Ohren voll und beharrte sogar mit Ärmelziehen darauf, dass ich ihm überall hin folgen musste.

Die beiden Mitpatientinnen in meinem Zimmer waren sehr nett. Die eine schnarchte aber nachts so übel, dass es kaum auszuhalten war. Ich versuchte es mit Ohropax, Kopfhörern oder Kissen auf dem Ohr – doch gegen die Schnarch- und Hust-Frequenzen der Kettenraucherin kam nichts an. Zu gerne wäre ich für ein paar Stunden wieder »dissoziativ« gewesen. Klappte aber nicht auf Befehl.

Zwei Wochen dauerte der Aufenthalt in Klinik Nr. 2. Ich bekam Besuch von meiner Familie, Alexander und einer Schulfreundin, was mich besonders freute. Alle paar Tage fragten wir uns gegenseitig den Lernstoff in Bio ab und unterhielten uns normal. Sogar der Lehrer vom Kunstunterricht schaute vorbei.

Stückchenweise ging es mir besser. Allerdings stand ich unter erhöhtem Medikamentenpegel. In der Klinik interessierte es keinen, ob ich etwas aß. So kaprizierte ich mich auf Luft mit eingestreuten Essenshäppchen. Zwischenmahlzeiten gab's hier nicht.

Dann wurde ich entlassen. Schon auf der Fahrt nach Hause überfiel mich mit voller Wucht wieder der Abi-Stress. Und mich packte der *Hunger*! Maßlos stopfte ich Chips, Eis und sogar Brot in mich rein. Die Konsequenz zeigte sich in kürzester Zeit auf der Waage: von 52 auf 56 Kilo hochgeschnellt.

Fahrstuhlgewicht. Physisch war ich jetzt *highly up* und psychisch *totally down*. Ich war fett und aus tausend Gründen depressiv.

Ich fiel bei mir selbst zutiefst in Ungnade.

Abitur mit 40 kg – Dritte Klinik
2011/2012

Hoch hinauf

Ab Herbst 2011 warf das Abitur hässliche Schlagschatten auf mein Leben. Alles *musste* gemacht werden: Schulaufgaben, Hausaufgaben, Beherrschung des Jahresstoffs von zig Fächern – Biologie und Kunst als Leistungskurse, dazu Deutsch, Geschichte, Mathe, Englisch, Französisch und Politische Weltkunde. Welches Buch oder Heft ich auch öffnete, um endlich konzentriert zu lernen – jedes präsentierte mir nur einen verwirrenden Buchstaben- und Zahlensalat *(Salat! hat auch Kalorien?!)*. Zwanghaft repetierte ich alle Ana-Tricks, wie ich von meiner Ballon-Figur wieder runterkommen könnte.

Ich greife ein paar Monate vor: Trotz meiner schwerwiegenden Handicaps muss beim Lernen viel hängengeblieben sein. Heute ist mir unbegreiflich, dass ich es unter diesen widrigsten Umständen schaffte, auch in der 13. Klasse eine sehr gute Schülerin zu bleiben.

*

Im Herbst entdeckten Alexander und ich das Indoor-Klettern. Wir machten einen Kurs und lernten, uns beim Wändehochklettern gegenseitig zu sichern. Wenn man von den schmalen Finger- und Fußstegen mal abrutschte, musste der andere den im Gurt gesicherten Partner mit behutsamer Kraft am Seil zu Boden lassen. Das war anstrengend und machte Spaß. Ich trug Verantwortung für meinen Freund und er für mich.

Leider merkte ich bald, dass ich beim Indoor-Klettern wunderbar abnahm. Der Körper verbraucht eine Unmenge Kalorien. Meine Pfunde schmolzen, ich bekam Kraft und Elastizität – bis in die Fingerspitzen.

*

Im Internet suchte ich nach Reittherapien. Zehn Jahre lang war ich kaum mehr geritten. Als Kind mochte ich die Ponys mit ihren klugen Augen, weichen Nüstern und dem wuscheligen Fell. Sie ließen mich beim Voltigieren auf ihrem Rücken herumturnen. Zur Therapie auf dem Pferdehof am Wannsee begleitete mich anfangs meine Schwester. Dann fühlte ich mich flügge und fuhr jeden Sonntag alleine hin.

Mein größtes Glück: Hier lernte ich Franziska (»Franzi«), eine etwa vierzigjährige Reittherapeutin kennen. Es gibt nur wenige Menschen, die mich vom ersten Augenblick an innerlich berühren (dürfen). Zu Franzi hatte ich ungeprüft sofort Vertrauen. Ihr konnte ich alles von meinen Essstörungen und sonstigen Problemen erzählen. Sie drängte mich nie, ging feinfühlig auf mich ein.

*

Im Stall führte sie mich zu den respekteinflößend großen Pferden. Vertrauter Geruch. Die zitternd-geballte Kraft der Muskeln unter dem Samt-und-Seide-Fell ängstigte mich.

Franzi bat mich, mit langsamen Schritten ein Pferd am Zügel zu führen. Ich ging los. Das Pferd stand. Wie angeschraubt.

»Sabine, nicht am Zügel ziehen. Mach eine ganz lockere Hand. Versuch mal, nicht zu *wollen*, nur zu *denken*. Dann wird das Pferd mit dir gehen. Du leitest wortlos, *du* führst es auf eurem Weg …«

Ich *dachte* … ich dachte ganz konzentriert an Pferd … richtete mich etwas auf … ließ meine Gedanken fließen … Pferd schnaubte leise … setzte einen Huf nach vorne … noch einen … dann wir beide …

Es war beglückend! Danach lag ich bäuchlings und mit geschlossenen Augen auf dem feuchtwarmen Pferderücken, ließ mich tragen, spürte unsere Körpergrenzen verfließen, dachte an nichts …

*

Es wäre wie im Märchen gewesen, wenn ich durch Franzi/Pferde/Therapie einfach wieder gesund geworden wäre. Hätte, wäre, wenn.

Wurde ich aber nicht. In den sonntäglichen Reittherapiestunden blitzte nur eine *Möglichkeit* auf, meine weinende Seele und meinen malträtierten Körper zu heilen.

Es sollten einige Monate vergehen, bis ich Franzi mit einem Therapiepferd auf einem anderen Hof wieder begegnete.

*

Hoch oben auf der Kletterwand oder auf dem Pferderücken war ich losgelöst von allen marternden Gedanken … kurz danach stürzte ich im freien Fall zurück in meinen Albtraumkerker Magersucht.

Klingt mal wieder dramatisch. Ich kann nur in Bildern deutlich machen, dass die »Krankheit« Anorexia nervosa nicht durch ein paar positiv bewegende Erlebnisse heilbar ist. Zumindest nicht bei mir. Die Sucht zur Selbstzerstörung frisst sich immer tiefer in den Kopf. Ich litt – zeigte aber null Einsicht. Nichts wollte ich hören von einem Zusammenhang von Untergewicht und körperlichem Verfall. Mein kindlicher Widerspruchsgeist stachelte mich immer wieder auf. Ich tat nichts aus eigenem Willen und musste tun, was Ärzte und Therapeuten mir als Überlebenshilfen in Aussicht stellten – und was die Krankenversicherung an Kosten übernahm.

*

Nach Weihnachten war klar, dass ich nach dem Abitur, im Sommer 2012, wieder einen längeren klinischen Aufenthalt bräuchte. Eine ehemalige WG-Mitbewohnerin empfahl mir eine Klinik in Brandenburg. In einer kritischen Phase hatte sie dort anscheinend sehr gute Erfahrungen gemacht. In dieser Klinik »wollte« auch ich gegen meine Essstörung angehen.

Und dann das: In der Silvesternacht nahm ich mir mit tiefem Ernst für das kommende Jahr vor, bis zum Sommer möglichst viel *abzunehmen*. Dann wäre die in der Klinik erzwungene Gewichtszunahme nicht *so* schlimm. Diesen schrägen Gedankengang setzte ich in Tat um:

Ab 1. Januar reduzierte ich mein Essen und aß abends nur noch nackte Salatblätter. Den Tag über erlaubte ich mir auf meinem Kaffee einen Spritzer Mandelmilch und als »feste« Nahrung selbstgemachte Götterspeise. Das Rezept stammte natürlich aus Anas »Koch«-Trickkiste: 1 Tütchen Götterspeisepulver vermischt mit flüssigem Süßstoff = 1 Portion = 4 Kalorien. Die Farbe (grün, rot oder gelb) war mir egal. Ich aß alle gleich (un-)gern und fast nichts anderes. Es klappte. Ich nahm gut messbar ein paar Kilogramm ab. In meinem Kopf tickte es immer verrückter. Essen war jetzt eine existenzielle Bedrohung. Kalorien witterte ich gegen den Wind: Mini-Bomben, bepackt mit Fettzellen-Explosionsladungen.

Obwohl ich mich immer schlechter fühlte, nahm ich meinen körperlichen Verfall nicht wahr. Ich wunderte mich nur und klagte, dass ich trotz Winterjacke im Zimmer bitterlich fror – auch wenn alle meinten, dass es überhitzt sei. Am Körper wuchs mir ein kleiner Flaum. Nur mit abartiger Energie konnte ich am Lernstoff dranbleiben.

*

Dann der Schock: Meine geliebte Oma ist gestorben! Bei der Beerdigung sprachen Verwandte taktlos meinen dürren Körper an.

Ich wollte mich auch eingraben, ersticken und in Feinstaub auflösen. Mit Dr. P. hatte ich die Verabredung, sofort in eine Klinik eingewiesen zu werden, wenn mein Gewicht weiter sank. Mitten in der Prüfungszeit befiel mich irre Angst, schon da ausgemustert zu werden. Also schummelte ich beim Arzt: Vor der Untersuchung tankte ich literweise Wasser. Der Arzt schien beruhigt – vielleicht weil er wusste, dass es gleich nach Ende des Schuljahres in die Klinik (Nr. 3) ging.

*

Die Abiturklausuren dauerten meist fünf Stunden ohne Pause.
Ich bestand das Abitur mit Note 1,4.
Ich wog 40,1 Kilo.

Am falschen Ort

1,4 hieß, dass ich abgesackt war. Im Mittleren Schulabschluss hatte ich noch eine 1,0 gehabt! Über diese Kränkung meiner geistigen Fähigkeiten tröstete mich unser Familienzuwachs, ein Baby-Kater. Das Tierchen war zauberhaft und anschmiegsam. Nachts schlief er bei uns im Bett, und tags, wenn ich vor den Prüfungen mal zu Hause auf dem Sofa lag, kuschelte er sich auf meinen Schoß, ließ sich endlos streicheln und schnurrte wie eine Miniaturmaschine.

Nun stand mir bereits mein dritter Klinikaufenthalt bevor. Die Trennung von Alexander und unserem Kätzchen fiel mir schwer. Alexander und meine Mutter fuhren mich nach Brandenburg.

Das Klinikgelände war riesig, lauter Einzelgebäude mit viel Grün dazwischen. Ich brauchte Tage, um mich zurechtzufinden. Häuser für Suchtproblematiker, für Psychosomatiker und weitere für Ärzte, Pflegepersonal und Verwaltung. Das war mir fremd. Ich war gewohnt, dass sich alle – Patienten, Betreuer, Ärzte – auf einer Station aufhielten. Aber das hier war keine Akut-, sondern eine Reha-Klinik.

Bei der Anmeldung sollte ich ein Einwilligungsformular für eine Kameraaufzeichnung des Erstgesprächs mit einer Psychologin unterzeichnen. Eigentlich wollte ich nicht gefilmt werden, fühlte mich aber etwas genötigt. Das Gespräch war doch in Ordnung. Auf ihre Fragen rückte ich mit meiner Angst raus, zuzunehmen. Nach dem Wiegen sollte ich dann täglich mein Gewicht auf einem Blatt eintragen, direkt unter der für mich errechneten »Idealkurve«. Diese Linie zog sich steil nach oben, auf 65 Kilo! Mich traf der Schlag.

Mein Zielgewicht: 38 Kilo.

Niemand durfte mich zur Witzfigur der Marke *gemästetes Nilpferd* machen. Mit Mühe verkniff ich mir öffentliches Heulen.

Zu meiner Gruppe der Essgestörten fand ich vor unserer ersten Mahlzeit schnell. Magersüchtige sind problemlos zu erkennen – die knochigen Gestalten hätte man auf einem Quadratmeter zusammenschieben können. Morgens und abends gab es ein Selbstbedienungsbuffet, mittags bekam man seine Portion ausgehändigt. Die Essensvorgabe meiner Therapeuten: morgens und abends je eine ganze, *vollflächig* mit Butter und Käse belegte Scheibe Brot (ca. 100 kcal). Mittags musste 50 % des Essens geschafft werden.

Für mich war Brot eine Katastrophe, ich hasste es wie die Pest und würgte höchstens eine halbe Scheibe runter. Das funktionierte, weil niemand kontrollierte. Das Mittagessen war dann »begleitet«. Unter den Blicken der Therapeuten stocherte ich auf dem Teller, schob Reiskörner hin und her und aß nur etwas Salat – bis das mit der halben Scheibe Brot aufflog. Prompt wurde mir der Salat gestrichen.

Die weiteren Reha-Therapien fand ich widersprüchlich. Einerseits wurde mir verboten, mich viel zu bewegen: Nach jedem Essen wurde ich für eine Stunde in einen »Ruheraum« gesteckt. Andererseits musste ich in einer Sportgruppe mit Gymnastikbällen rumturnen. Zwei Wochen später war mein Gewicht eindeutig unter 40 kg gerutscht.

Nach einer Maltherapie befahl mich die Therapeutin ziemlich streng in ihr Büro – ich befürchtete meine Verlegung in ein Krankenhaus. Es kam noch schlimmer: Ich musste in ein anderes Zimmer umziehen, in das »bewachte« Ärztehaus! Zudem: ab sofort nach jedem Essen *zwei* Stunden alleine in den Ruheraum. Ein kleines Zimmer mit Bett, Tisch, Stuhl – und einer Überwachungskamera, die mich mit einem rotem Auge anstarrte. Das war Folter. 120 Minuten = 7 200 Sekunden – ich wusste nicht, dass Zeit sich so endlos dehnen kann. Ich war zu Einzelhaft verurteilt und total am Ende.

Mein Tag sah jetzt so aus: 1 Stunde Frühstück, *2 Stunden Ruheraum*, Beschäftigungstherapie, 1 Stunde Mittagessen, *2 Stunden Ruheraum*,

Sport bzw. Gruppentherapie, 1 Stunde Abendessen, *2 Stunden Ruheraum* = sechs Stunden täglich alleine unter dem Überwachungsauge! Die Gruppentherapie war auch völlig daneben. Eine Mitpatientin hatte eine Angststörung. Sie drängte sich verbal und ungebremst von der überforderten Psychologin permanent in den Vordergrund. Unsere Gruppe war verfeindet. Aber keiner der Psycho-Profis machte auch nur einen Versuch, die giftige Atmosphäre zu bereinigen.

Noch eine meiner Enttäuschungen: Die Klinik bot auch Reittherapie an. Weil ich aber unter der 40-Kilo-Marke lag, durfte ich nicht mitmachen. Erst wenn ich deutlich darüber gewesen wäre, hätte ich mir, so die Therapeutin, die Pferde im Stall *ansehen* dürfen.

Ein Vorfall schockierte mich und machte die ganze teure Behandlung hinfällig: Mein altes Zimmer (ich durfte wieder zurückwechseln) teilte ich mit einem Mädchen, das mit einem älteren Mitpatienten anbändelte. Samstagnacht kamen beide ziemlich angetrunken in unser Zimmer. Er wollte was von ihr, sie nicht von ihm, sie floh in ein anderes Zimmer. Dieser Mann lag dann die ganze Nacht in ihrem Bett knapp neben mir. Ich schlief keine Minute vor Angst, er würde aufwachen und mir etwas antun. Ich traute mich nicht einmal, die Notruftaste zu drücken. Ich meldete dann den Vorfall – aber es war Wochenende und die Therapeutin nicht erreichbar. Die diensthabende Ärztin riet mir nur hilflos, in das »bewachte« Haus der Pfleger zu wechseln. Dort war aber auch dieser Mann untergebracht.

Am Montag bei der Besprechung des Vorfalls gab mir meine Therapeutin eine Mitschuld. Ich fühlte mich so ungerecht behandelt, nicht mehr sicher und wollte nur noch weg. Bei seinem Sonntagsbesuch hatte ich Alexander schon einen Teil meiner Sachen mitgegeben. Nach dem Abschlussgespräch schleppte ich mich alleine mit meinem Rucksack die zwei Kilometer zum Bahnhof.

Der Rucksack wog fast so viel wie ich.

Glück auf Zeit – Reittherapie

2012

Körperarbeit

Der auf acht Wochen angesetzte Aufenthalt in der Reha-Klinik war nach nur drei Wochen gescheitert – und ich wieder um eine Heilungsillusion ärmer. Ich wog noch immer knapp unter 39 Kilo. Immerhin hatte ich das Abitur hinter mir. Und es war Sommer.

Der offizielle Arztbrief der Klinik traf ein paar Tage nach mir in Berlin ein. Er bescheinigte der Patientin, dass sie »*zwar sehr klar die Folgen ihres konsequenten Vermeidungs- und Verweigerungsverhaltens herausarbeiten konnte. Leider ist es ihr aber nicht gelungen, mit den betreuenden Ärzten eine ausreichende Veränderungsmotivation zu erreichen.*« Wie auch – unter diesen Umständen.

Ich musste und *wollte* mir etwas Neues einfallen lassen. Meine Reittherapeutin Franzi kam mir in den Sinn und dann zu Hilfe. Mittlerweile war sie mit ihrem eigenen Therapiepferd auf einem Reiterhof in Potsdam tätig. Von ihr stammte die glänzende Idee, dass ich bei den dort angebotenen Kinder-Reiterferien als Helferin mitarbeiten könnte.

So schnell hatte ich noch nie gepackt. Alexander fuhr mich zum Hof und half mir, das Zimmer mit eigenem Bad mit meinen Habseligkeiten einzurichten. Ich war zu schwach.

Gleich am ersten Abend gingen wir mit den Pferden raus in den Wald. Ich durfte mich auf einem Pferd durch die Abendsonne tragen lassen. Nach langer Zeit musste ich nicht an Essen denken und konnte loslassen. Die Gesellschaft meiner Therapeutin und der Pferde – auch wenn wir jetzt nicht therapeutisch arbeiteten, sondern nur gemeinsam ausritten – beruhigte meine aufgewühlte Seele.

Franzi und ihre Freundin Petra kümmerten sich rührend um mich. Wir gingen zu dritt einkaufen und kochten zusammen. Die Tage flossen ruhig dahin, und ganz langsam erholte ich mich. Anfangs half ich noch nicht mit auf dem Hof; das wäre mir zu viel gewesen. Ich suchte die Nähe zu Franzis Pferd »Chessy«. Da mir Essen weiter große Probleme machte *(Falsches! Unerlaubtes! Schlechtes Gewissen!)*, nahm ich meine Miniportionen mit in den Stall. Chessy mampfte ihr Heu und schlabberte im Wassereimer – das lenkte mich von meinem Widerwillen ab. Essen unter der Beobachtung selbst liebster Menschen quälte mich; Chessy ließ mich einfach in Ruhe.

Nach ein paar Eingewöhnungstagen arbeitete ich immer häufiger auf dem Hof. Ich betreute Kindergruppen und säuberte die Paddocks, die eingezäunten Sandplätze. Zum Säubern der Wege zog ich auf einer riesigen Kehrmaschine meine Bahnen. Als noch ein Mädchen auf den Hof kam, war ich vollends zufrieden. Wir verstanden uns gleich und redeten während der Arbeit so viel, dass die Zeit nur so verflog. Der Tag auf dem Hof hatte seine feste Struktur, das tat mir wieder gut. Früh aufstehen, dann gleich die erste Herausforderung des Tages: gemeinsames Frühstück mit den Arbeitern und Helfern. An Brötchen, Butter und Nutella traute ich mich noch nicht ran. Franzi hatte eine tolle Idee: ein Ernährungsplan, mit dem »normale« Menschen abnehmen, der mich aber (geringer Kalorienbedarf!) anregen sollte, erst kontrolliert zuzunehmen und dann das Gewicht zu halten.

Im Kühlschrank bekam ich mein eigenes Fach. Morgens aß ich einen Apfel und einen Schafsjoghurt, mittags umsteuerte ich das warme, fleischreiche Essen und genoss bei Chessy meinen Salat. Mehr brauchte ich nicht, um für meine Verhältnisse glücklich zu sein.

Essgestört sein heißt: nicht Maßhalten können. Kaum hatte ich mich mit meinem Ernährungsplan gut arrangiert, attackierte mich hinterrücks etwas lange Verdrängtes: *Hunger!*

Mein fataler Drang zur umgehenden Befriedigung meiner Bedürfnisse ließ mich wie von selbst auf ein Fahrrad schwingen und zum nächsten Supermarkt fliegen.

Schokolade! Marshmallows! Schokoküsse! Ich deckte mich tütenweise ein *(Sabine gönnt sich ja sonst nichts)*.

Nie hätte ich gedacht, dass ich so schnell so viel zulegen würde. Auf der Waage schnellte mein Gewicht in kurzer Zeit hoch und höher. Panik! Dennoch konnte ich meine wiederauferstandene *Lust auf Essen* kaum zügeln. Mein schlechtes Gewissen stellte sich scheintot. Andererseits: Ich betreute die Kindergruppen, und mein Selbstvertrauen wuchs. Ich holte die Ponys aus dem Stall, machte sie bereit für den Ausritt, führte die Kinder-Pony-Schar zum Reiten und die Unsicheren von ihnen am Zügel. Danach machte ich alle Ponys wieder stallfertig. Drei Stunden arbeitete ich am Stück und kam oft richtig ins Schwitzen. Schnell merkte ich, dass diese kleinen Pferde ziemlich frech sein konnten. Ich lernte, mich durchzusetzen. Schließlich war ich ihr »Chef«. Nach dem Gruppenausritt saßen alle zum Essen zusammen. Da jedes Kind seine eigene Brotzeit mitbrachte, fiel es nicht auf, dass ich mich meinem Spezialmenü widmete – erstmalig wieder in Gesellschaft und noch immer ohne schlechtes Gewissen.

*

Auf dem Hof war ich körperlich gefordert. Ich fror kaum noch und ertastete zwischen Haut und Knochen ein bisschen Muskeln. Meine Gedanken schwirrten nicht mehr ätzend nur um Essen und Gewicht. Alexander kam mich meist an den Wochenenden besuchen, hocherfreut über meine kleinen Fortschritte. In seinem Tagebuch fand er es sogar erwähnenswert, dass ich an einem Wochenende zu Hause selbst zum Briefkasten gegangen war, um Post wegzubringen. So schlimm hatte es vorher um mich gestanden.

Dann war es endlich es so weit: Meine Reittherapie konnte beginnen.

Blindes Vertrauen

Chessy und ich hatten uns bei meinen Stallmahlzeiten, beim Striegeln, Hufe ausputzen und Füttern bereits beschnuppert. Ich war voll überzeugt, dass ich bei meiner ersten Therapiestunde auf dem Hof deshalb alles gleich perfekt hinkriegen würde: den Zügel locker halten, stehen, denken, gemeinsam losgehen. Das kannte ich ja schon von der Reittherapie am Wannsee.

Franzi beobachtete uns vom Rand des Paddocks.

*

Chessy steht. Sie ignoriert mich. Warum macht sie den Hals so lang und schaut auf den Boden? Ihre Hinterhand ist komisch eingeknickt. Das macht sie sonst nie. Lahmt sie?

»Chessy-Süße, du kennst mich doch, komm.« Wieder nichts. Chessy soll sich nicht so hängen lassen. Sie soll mich ernst nehmen.

Wildes Geflatter in meinem Kopf. Sie soll auf mich hören und mir gehorchen! Nein, ich will nicht weinen. Pferde weinen auch nie, oder? Pferdetränen sind sicher ganz groß und seelendurchsichtig und rinnen in ihre Nüstern und verstopfen alles, und dann müssen sie an ihren Tränen ersticken, weil sie so traurig und alleine sind und tot sein wollen und in der Erde liegen. Es zieht mich in den Boden. Der Zügel rutscht mir aus der Hand. Hoch über mir wächst das Tier, zeigt gelbe Riesenzähne, bedroht mich. Verachtet mich, macht mich winzig. Angst.

*

»Schscht, Sabine, schscht ... alles ist gut. Ich bin deine Franzi, und du bist hier bei uns auf dem Hof.« Ich spüre eine feste, warme Umarmung. Nach gehörigem Schniefen und Tränen-von-den-Backen-wischen sehe ich dicht neben mir Chessy ihr Pferdelächeln lächeln.

(Natürlich können Pferde weinen und lächeln, ich weiß es!)

Ein ausgebildetes Therapiepferd ist wie ein Spiegel der inneren und äußeren Haltung des Menschen. Gleich, ob man ängstlich, verstört, bedrückt und verunsichert ist oder ob man selbstüberzeugt, beherrschend oder gewollt forsch auftritt – das Pferd wittert die Wahrheit. Es übernimmt und spiegelt Gestik, Stimme, Atmung, Stimmungssignale und Körperspannung des Patienten.

Von meiner »Oberflächen«-Krankheit Magersucht ließ Chessy sich nicht irritieren. Sie reagierte auf mein bleischwer vergrabenes Schmerzenspaket darunter: Unsicherheit, Angst vor Versagen und Angst vor dem Verlassenwerden, Trauer über Krankheiten und Tod.

Franzi ließ mich nie alleine. Als Therapeutin begleitete sie mich beim Ausbruch, beim Zulassen und bei der Wahrnehmung meiner inneren Wunden. Sie war bei mir, wenn Chessy und ich uns schwerfüßig durch den Parcours schleppten. Sie registrierte niedergedrückte oder gestraffte Körperhaltungen, dann mein wachsendes Selbstbewusstsein. Sie sah zu, wie ich auf den Pferderücken kletterte, Arme und Beine voller Vertrauen ausbreitete, locker am Pferdekörper herunterhängen ließ, meine Augen müde wurden und entspannt zufielen *(Mama trägt und wiegt Baby Sabinchen in den Armen)*. Erleichterungstränen.

Nach den Pferdestunden sprachen wir über mich. Ich erzählte *freiwillig* – ein Wunder nach den Psychotherapieversuchen, denen ich bestenfalls halbwillig und meist sprachlos »beigewohnt« hatte.

Franzi machte jeden Tag den »Band-Test« mit mir. Ich sollte einen Strick mit der Länge meines geschätzten Körperumfangs kreisförmig auf den Boden legen: Der Kreis lag groß und dick da. Ja, genau so fühlte ich mich. Wir maßen meine Taille und formten meinen tatsächlichen Umfang. Dieser lächerlich dünne Kreis – wie aus dem Geometriebuch geschnitten – sollte ich sein?

Der Bandmess-Test war der *sichtbare* Beweis für meine schwer gestörte Körperwahrnehmung. Langsam fing ich an, zu verstehen.

Spiegelbilder

Fünf Tage pro Woche arbeitete ich auf dem Hof. Ich betreute weiter die Kinder-Pferde-Gruppen, putzte und versorgte zusammen mit den anderen Helfern die Pferde und säuberte den Stall. Die Therapiestunden mit Franzi und Chessy stärkten mein Selbstvertrauen. Ich aß geregelt auf meine Weise und grämte mich eher beiläufig über meine, wie ich fand, jetzt ziemlich mollige Figur. Ich war beschäftigt und anerkannt, fühlte mich aufgehoben und in guten Händen.

An den Wochenenden hatte ich frei. Alexander kam mich mehrmals aus Berlin besuchen. Wir fuhren auch in den Supermarkt zum Lebensmitteleinkauf. Dank meiner neu gewonnenen Ausgeglichenheit und Franzis Essensplan ging das jetzt vergleichsweise flott und stressfrei. Ich musste nicht mehr zwanghaft stundenlang und akribisch alle Nährwertangaben der Produkte vergleichen, um die mit den allerallerwenigsten Kalorien aufzutreiben.

Durch die Therapie richteten sich meine Antennen wieder auf die Mitwelt: Ich nahm Alexander wahr. Er lachte entspannt, wir hakten uns unter und freuten uns, dass wir zwei Tage eng beisammen waren. Meine Eltern und Viktoria hatte ich schon seit einiger Zeit nicht mehr gesehen. Das große Hoffest im August kam mir für ein exterritoriales Treffen auf neutralem Boden sehr gelegen. Ob wir endlich ohne Vorwurf und Streit auskommen würden? Zu meiner Überraschung und grenzenlosen Erleichterung klappte es. Ich zeigte ihnen mein Zimmer, den Hof, die Reithallen und Ställe. Voller Stolz stellte ich ihnen Chessy vor, *mein* Pferd. Das Tollste für mich: Den ganzen Tag sprachen wir weder über mein Aussehen, Gewicht, Essen und Zukunft, noch über irgendein Thema, das die Magersucht tangierte. Nach dem Abschied vibrierte in mir Glück und Harmonie.

Freund und Schwester machten mir Mut, mein sicheres Nest übers Wochenende auch mal zu verlassen. Viktoria holte mich ab, und in Berlin zeigte sie mir ihre Uni. Zusammen freuten wir uns über ihre ausgehängten Klausurergebnisse. Ich war stolz auf sie und stolz auf uns, dass wir Schwestern uns so gut verstanden.

An einem anderen Wochenende fuhr ich zu Alexander und unserem Katerchen nach Hause. Bemerkenswert: Ich ging alleine Käse einkaufen und schaute *nicht* auf die Nährwertangaben.

Am Wochenende danach besuchten wir einen Freizeitpark. Abends gab es im Hotel ein riesiges Buffet. Ich musste selbst entscheiden, was ich essen wollte/konnte/durfte. Zum Nachtisch gönnte ich mir sogar einen Pfannkuchen und aß ihn mit Gelassenheit.

Am nächsten Tag betrachtete ich mich im Ganzkörperspiegel. Ich sah eine schöne junge Frau: nicht zu dick, nicht zu dünn, dafür *sportlich*. Das erste Mal seit meiner Kindheit war ich zufrieden mit meinem Aussehen und ganz im Einklang mit meinem Körper.

Klar, dass sich – wie fast alles Gute in meinem Leben – auch dieser außergewöhnliche Moment schnell verflüchtigte. Auf meinen Wochenendtrips gerieten Essensplan und Essenszeiten bald ins Schleudern. Ein altbekanntes Gefühl kroch aus der Tiefe, widerlich und quicklebendig: mein schlechtes Gewissen *(viel zu viel Süßes, Ungesundes! Schäm dich, tu Buße!)*. Sabine, die Versagerin.

Halbwegs um Kontrolle bemüht, listete ich jeden Abend alles Positive und Negative des Tages penibel auf:

1. habe es geschafft, eine E-Mail zu schreiben. 2. habe meine Bücher aus der Bibliothek verlängert. 3. Süßigkeiten weggeräumt (fühle mich damit besser). 4. weiter an meinem Geschenk für Franzi gemalt (Bild von Chessy).

Das war's schon mit dem Positiven. Die Negativ-Liste (Essen, Gewicht, Waage, Gewissen, Abnehmen) wurde jeden Tag länger.

Dann kam mein letzter Tag auf dem Pferdehof. Aus meinem Spieglein an der Wand sprach plötzlich *Die Böse Königin Anorexia* zu mir: *»Ei, ei, mein Fräulein, du bist nicht mehr die Schönste, Beste und Klügste im ganzen Land! Sieh dich an, zehn Kilo mehr. Du bist wieder dick! Der böse Wolf wird dich mit Lust verspeisen «*

Die höhnische Königin hatte recht. Ich war nur das Trug- und Zerrbild in meinem Spiegelkabinett. Waage und Spiegel trieben ihr fieses Spiel mit mir: Sie logen und betrogen mich. Ich hatte mich so bemüht *wahrzunehmen*, dass ich strichdürr und krank war. Jetzt kroch vom Kopf das *Dickgefühl* wie ultraschweres Blei in den Körper zurück. Nur wenige Tage nach der Reittherapie hatte ich mich wieder verloren.

✳

Alexander glaubte an mich und tat alles, um mir das Leben nach den zehn Wochen mit den Pferden leicht zu machen. Er ging zur Arbeit und einkaufen, kochte, putzte die Wohnung, machte die Wäsche und baute mich immer wieder auf. Ende September zogen wir um in eine lichte Wohnung mit zwei Balkonen. Bei den wochenlangen Renovierungsarbeiten *(verbrennt Kalorien!)* baute ich sichtlich ab. Ein Foto zeigt unsere hohe, zusammengeklappte Leiter und daneben mich: Holzgestell neben Knochengestell.

In unserer Beziehung kriselte es immer häufiger. Ende Februar, an meinem 20. Geburtstag, krachte es. Alexander ging es schlecht, und ich war sauer, dass wir nicht richtig feierten. Heulend rannte ich um den Block. Ich kam zurück – er lag immer noch im Bett. Ich schnauzte ihn ziemlich grob an. Alexander sagte mit bebender Ruhe: »Mir geht es wirklich sehr schlecht. Wenn du mit allem so weitermachst, kann ich mich gleich vom Balkon stürzen.«

Ich, leichtfertig und einfach nur plump: »Dann mach doch.«

Alexander ging auf den Balkon und zog die Türe hinter sich zu. Noch nie hatte ich solche Höllenangst …

Schwarzes Loch – Vierte bis sechste Klinik

2013/2014

Stimmen und Verfolger

Zum Glück beruhigten wir uns beide schnell. Meinen Eltern und Viktoria sagte ich für diesen Geburtstagsabend ab. In Alexander und mir zitterte noch lange die überstandene Panik über unsere gefährlich eskalierte Auseinandersetzung.

Ein paar Tage später hörte ich etwas in unserer Wohnung.

»Alexander, mach doch bitte das Radio aus. Das bringt mich ganz durcheinander.« »Welches Radio? Es ist ausgeschaltet.« »Aber ich hör doch was, hier redet ständig jemand!« »Ich nicht. Was denn?« »Weiß nicht, irgendein Gebrabbel oder Getuschel oder so, mehrere Leute, ich kann nichts verstehen.«

Leise Stimmen, ich bin mir ganz sicher, im Hintergrund, ohne Pause. Manchmal lauter und bestimmt. Sie sprechen miteinander. Wenden sich an mich. Kommentieren nicht unklug, was ich sage oder tue.

Den Stimmen war es völlig egal, was ich gerade tat – in Ruhe das Kätzchen kraulen, mit Alexander im Bett liegen, Musik hören, lesen, eine vierspurige Straße überqueren oder beim Fahren in der rumpelnd-kreischenden S-Bahn. Die Stimmenpegel hoben sich gerade um so viel, dass sie jedes andere Geräusch übertönten.

Die Stimmen übernahmen das Kommando. Sie redeten in Stereo auf mich ein. Befahlen mir, mich selbst zu verletzen. Ich tat, wie mir geheißen: Ich ritzte mich, wieder und wieder. Ich konnte nicht davonlaufen, sie nicht abstellen, nicht zum Schweigen bringen.

War ich verrückt?

Dr. Wintersee, mein vertrauter Psychiater, diagnostizierte »*akustische Halluzinationen in Form von befehlenden Stimmen*« und wies mich am

4. April in die mir noch unbekannte psychiatrische Klinik Nr. 4 ein. Man stopfte mich voll mit Antidepressiva und Antipsychotika. Ich wehrte mich nicht. »Ruhe im Kopf« klang zu verführerisch. Die starken Nebenwirkungen zwangen mich allerdings in die Knie: Unter vielem anderen überfielen mich »*extrapyramidal motorische Störungen*« [EMPS, gestörter Bewegungsablauf, versteifte Extremitäten, unkontrolliertes Herumhampeln].

Meine Stimmen tauften die Psychoärzte auf den Familiennamen »*Phoneme*« [Stimmenhören bei psychotischen Zuständen]. Meine Stimmen erkannten die übergeordnete Macht der Psychopharmaka, taten diskret und verzogen sich zum Schein in den Hintergrund. Aus sicherer Entfernung verlegten sie sich wieder auf brummelndes Kommentieren (»*Jetzt sitzt sie da und unterhält sich mit der anderen Patientin.*«) Sehr einfallsreich, das hätte ich auch ohne die Damen-und-Herren-Phoneme bemerkt. Ich unterhielt mich etwas lauter, und meine Sprechergruppe rückte mir wieder etwas näher ins Ohr. Die Tag-und-Nacht-Präsenz der Stimmen musste ich akzeptieren.

Es ist mir nicht möglich, den psychedelisch gefärbten Strauß meiner Verrücktheiten detaillierter zu beschreiben. Mir ging es einfach nur dreckig. Die Diagnose lautete: »*Paranoide Schizophrenie*«.

Ich kann nur versuchen, meine klareren Momente zu beschreiben.

*

Auf der Station gab es einige Therapieangebote. Am besten gefiel mir die Ergotherapie – eine Beschäftigungstherapie, bei der die Patienten reale Dinge erfühlen und sich auf die Koordination und Feinmotorik von Armen und Händen konzentrieren sollen. So in etwa verstand ich die Therapie. In dem vorzüglich ausgestatteten Bastelraum für Erwachsene konnte man Körbe flechten, aus Ton Phantasiedinge kneten oder nähen. Mit Hilfe der Therapeutin fabrizierte ich ein Brotkörbchen und stichelte mir zwei kleine farbige Stofftaschen.

Einmal pro Woche ging ich mit einer Gruppe zum therapeutischen Schwimmen. Das war okay, auch wenn ich den Chlorgeruch in Nase, Haar und Haut verabscheute. Müde zogen durch meine Gedanken neuseeländische Erinnerungswölkchen über ein endloses blaues Meer ... (Kommentar des Stimmen-Chors, schadenfroh: »*Jetzt heult sie wieder rum, redet sich alles schön! Ha, und das Ritzen dort?! Jetzt stinken eben deine Haare!*«).

Ein winziger Lichtblick: die Reittherapiegruppe am Wannsee. Das kannte ich, dort hatte mich Franzi jeden Sonntag mit dem Pferd therapiert. Für unsere kleine Psychogruppe standen jetzt zwei Pferde bereit. Abwechselnd führte man uns über sanft federnde Waldwege. Unter dem lichtgrünen Blätterdach duftete es nach feuchtwarmem Sommer. Leider mussten wir auf einem Sattel sitzen, ohne Körperkontakt zum Pferderücken (Stimmen, spöttisch: »*Haste dir wohl so gedacht! Bleib auf dem Boden, da passt du hin! Arbeitstherapie!*«).

※

Ich hasste die Arbeitstherapie. Mit der Gruppe fuhren wir zwei Mal pro Woche in eine Werkstatt. Dort mussten wir an einem großen Tisch sitzen, Postkarten nach Druckfehlern durchsuchen und zu Stapeln sortieren. Beim zweiten Mal durfte ich schon die Waage bedienen und die Kartenstapel abwiegen. Anhand des Gewichtes entschied ich alleine *(Hallo Stimmen, Ironie!)*, ob eine Karte zu viel oder zu wenig drauf lag. Mit dieser Arbeit – Prädikat: besonders wertlos – verdiente jede von uns 1 €/Std. (Stimmen, hämisch: »*Tja, da hat sich ihr Einser-Abitur ja richtig gelohnt! Hoch hinauf und tief gefallen!*«). Die drei Stunden waren einfach nur ätzend und versetzten mich in stumpf brütenden Groll.

Ich drängte auf Entlassung. Nach vier Monaten in Psychiatrie Nr. 4 (April bis Ende Juli 2013) verließ ich die Klinik – vermutlich zu früh.

※

Für den anschließenden Sommerurlaub auf Rügen hätten meine Mutter und ich eine Gruppenreise buchen sollen: Ungebeten kam meine ganze aufdringliche, distanzlose Stimmensippe mit, nistete sich ein und machte es sich in mir kommentierend gemütlich (»*Na, wie geht's uns denn jetzt ohne Psychiatrie? Sind wir wieder gesund? Hoppla, wir können ja gar nicht still sitzen! Jetzt kriechen wir auch noch rum wie ein Kleinkind! Wohl übernommen, was?!*«).

Meine arme Mutter muss entsetzt über meinen Zustand gewesen sein. An Erholung, die sie selbst so gebraucht hätte, war nicht zu denken. Ich schluckte meine x-te Kombination von Hammer-Psychotabletten und versuchte vergeblich, die lähmenden und sonstigen Nebenwirkungen zu überspielen.

Danach fuhren Alexander und ich noch auf einen Ferien-Pferdehof. Hier hätte ich jeden Tag reiten können. Meist blieb es beim kläglichen Versuch. Für zwei volle Reitstunden reichte meine Kraft nie und nimmer, ich rutschte einfach seitlich aus dem Sattel, ausgelaugt und tödlich erschöpft (Stimmen, rechthaberisch: »*Haben wir ja gleich gesagt, sie schafft es nicht!*«). Am liebsten wäre ich auf dem Boden liegengeblieben, für immer. Immerhin lag ich gepolstert – in Klinik Nr. 4 war mein Gewicht um 13 Kilo auf 63 Kilo gestiegen. (Stimmen, kalt: »*Kein Kommentar. Fett bleibt fett.*«)

Auf diesem Hof ängstigten mich sogar die Pferde. Sie waren mir fremd, und ich blieb auf respektvoller Distanz. Mit ihrer Größe und Stärke konnte ich mich in meiner Verfassung nicht messen.

Chessy, mein Seelenpferd, trabte immer weiter von mir weg und verschwand hinter meinem Horizont.

*

Mitte Oktober 2013 war es wieder so weit: Ich musste zurück in die für unseren Bezirk zuständige Psychiatrie, wieder in die geschlossene Abteilung. Diesmal sollten es über fünfeinhalb Monate werden, bis

März 2014. Ganz unwissenschaftlich hier das Sammelsurium meiner Diagnosen: stärker gewordene *Phoneme*, Zunahme von *Selbstverletzungen, Suizidgedanken, Beobachtungs- und Verfolgungserleben*.

Angefangen hatte alles mit meiner Magersucht (Stimmen, oberlehrerhaft: *»Stimmt nicht, sie war schon vorher total daneben!«*). Ende 2010 hatte mich mein Vater dann in die Jugendpsychiatrie der Bonner Klinik (Nr. 1) gebracht. Nun trat ich bereits meinen fünften Psychoklinikaufenthalt an.

Den Alltag hier (Ärzte, Untersuchungen, Psychologen, Therapien) kannte ich schon. Neu waren ein paar Mitpatientinnen – und dass ich nicht nur zu Hause, sondern jetzt auch in der Klinik unablässig beobachtet und verfolgt wurde. Ich hatte das höchst unangenehme *Gefühl*, dass irgendwer, irgendwas hinter mir her war und mir Böses antun wollte. Er/sie/es machte(n) mir Angst. Dagegen half weder der angeordnete morgendliche Gruppenspaziergang, noch die verhasste Arbeitstherapie.

Wie gehabt wurde ich zum Prüfen, Ordnen und Wiegen der Karten geknechtet. Nicht einmal bei dieser Stumpfsinnsarbeit ließen die Stimmen von mir ab (*»Sie hat's nicht gemerkt! Im untersten Stapel ist eine zu viel! Alles nochmal von vorn!«*).

In der Ergotherapie erweiterte ich meine handwerklichen Fertigkeiten um ein paar Malereien (unverfängliche Blumenmotive, Mandalas), Stickereien (zwei sinnfreie Tischdeckchen), eine selbstgeformte Blumenvase aus Ton (wasserdicht) und eine Hängelampe (Peddigrohr gebogen, mit Bast durchwebt, elektrifizierbar). Angesichts meiner künstlerischen Ausdruckskraft enthielten sich die Stimmen ihrer bissigen Kommentare. Welch grandioser Therapieerfolg.

Schwimmen im Winter fand ich besonders doof – aber bei der Reittherapie am Wannsee entspannte ich mich ein wenig. Die Pferde stapften mit uns auf dem Rücken durch den Wald, scharrten mit den

Hufen im Schnee und schnaubten Dampfwölkchen in die blaue Luft. Ich dachte dabei immerzu an Chessy. Sie hatte meine Tränen geweint, für mich gelächelt, mein Herz berührt und meine Seele geöffnet.

Meine Essstörung war in der Psychiatrie nur ein Nebenaspekt. Allen Patienten wurden ihre Mahlzeiten vorgesetzt, und ich aß nur das, was ich wollte. Ich kann mich nicht erinnern, was ich wollte.

Überall in den Gängen lauerten Gestalten. In fließendem Auf und Nieder drängelten sie sich verschlagen hinter meinen Rücken. Durch die Klinikflure lief ich mit durchgedrücktem Kreuz und aufgesträubten Härchen (Stimme 1, zischelnd: »*Sie schwitzt, sie hat Angst!*« Stimme 2, brutal: »*Die macht's nicht mehr lang!*«).

*

Über Weihnachten und Silvester durfte ich zum Feiern ein paar Stunden nach Hause zu meiner Familie und zu Alexander. Alle hatten sich auf mich gefreut und sich liebe Überraschungen ausgedacht. Mich störte das Gewese um weihnachtliche Stimmung. Es brachte mich aus meinem Psychotakt. Ich dachte nur an Oma, die nie mehr für mich da war. Schmerz! Ich *wollte* zurück in die Klinik (Nr. 5).

Zu dieser Zeit hatte ich eine reizende türkische Zimmernachbarin. Sie bekam jeden Tag Besuch von ihren Eltern, die ihr türkische Pizza, Pommes oder Börek mitbrachten. Ich konnte nicht fassen, was in diese zierliche Person reinpasste, ohne dass sie ein Gramm zunahm. Ich hatte eine Idee: statt Süßes und Chips eine Mandarinen-Diät. Auf der Station griff ich mir alle Mandarinen, hortete sie in meinem Spind, aß tagelang nichts anderes – bis mir fürchterlich schlecht wurde und ich mich des Mandarinenvitaminschocks entledigen musste.

(Stimmenchor in Dolby Surround, orakelnd: »*War ja klar, dass sie wieder maßlos ist. Maßlos isst! Wie wir schon so treffend bemerkten: Ihr. Hilft. Nichts. Mehr.*«)

Traurig gab ich meinen gemeinen Stimmen recht.

Strom im Kopf

Im März 2014 verlegte man mich übergangslos von Nr. 5 in die Universitätsklinik Charité (Nr. 6). Im schweren Gepäck mit dabei: mein Tross aus Phonemen, Beobachtern und Verfolgern, dazu ellenlange Medikationslisten und Überweisungsdiagnosen.

Die Kliniken Nr. 4 und 5 hatten bei den insgesamt neun Monaten Aufenthalt keine wirkliche Verbesserung bewirkt. Ich war noch immer die *essgestörte paranoide Schizophrene.*

*

Mein »Ich« hatte sich homöopathisch verdünnt. Ich fühlte nichts, ich hoffte nichts. Mein Hunger nach Liebe, Lebensfreude, Geborgenheit und Anerkennung – schockgefrostet. Meine Begabungen – verdorrt. Irre Kräfte hatten meine Seele überrannt. Sie knebelten mich und raubten mir den letzten Willen. Mit brachialer Gewalt hobelten sie alles Lebendige flach, machten aus mir verbranntes Papier.

Klingt irre? Stimmt. Aber so sah's aus in meinem schwarzen Loch.

Dann und wann durchhuschte mich der Wunsch, *einfach tot* zu sein. Mangels Gelegenheit und betäubender Psychopharmaka ging das aber nicht.

Wenn Papa oder Alexander mich besuchte, durfte ich die geschlossene Abteilung eine Weile verlassen. Wir gingen spazieren und unterhielten uns über Kleinigkeiten. Über Krankheiten sprachen wir nie. Man sah mir nicht an, wie gefährlich schräg ich aus der Spur war. Von außen wirkte ich vielleicht sogar ziemlich *normal.*

Ich ging gerne wieder zurück auf meine Station (Stimmen, triumphierend: »*Besuch ist weg!*«). Ein paar flüchtige Momente umwehte mich die Erinnerung an unsere Begegnung wie ein duftiger Hauch.

*

In der Uniklinik wurde ich wieder abgeklopft hinsichtlich einer präzisierten Diagnose meiner Persönlichkeitsstörung. Diesmal wandte man die Methode des SKID-II an. Das ist ein »Strukturiertes Klinisches Interview« nach dem Klassifikationssystem des DSM-IV [Diagnostischer und Statistischer Leitfaden psychischer Störungen]. Das klingt kompliziert, dauerte aber nur eine Stunde.

Vor einem Psychologen musste ich einen ja-nein-Fragebogen ausfüllen zum Erfassen meiner gesammelten Störungen. Im nachfolgenden Interview hakte er, anscheinend nach Vorgabe, nur bei den Fragen nach, die ich mit »ja« beantwortet hatte. Das sparte Zeit.

Von zwölf möglichen Persönlichkeitsstörungen hatte ich nun diese: eine »*emotional-instabile Persönlichkeitsstörung vom Borderline Typ*«. Zusatzbemerkung: »*Die akustischen Halluzinationen sind möglicherweise als Symptom dieser Persönlichkeitsstörung zu diskutieren.*«

Also doch keine Schizophrenie, sondern Borderline. Toll. Genau das hatten die in Klinik Nr. 2 auch schon festgestellt.

Ob Borderline besser war? Den Stimmen war's egal. Sie tönten mir weiter großmäulig und verletzend im Ohr.

Dann wurde ich in eine Universitätsstudie aufgenommen. Mit einer »transkraniellen Magnetstimulation« sollte eine »Reduktion der Phoneme« erzielt werden. An fünf Tagen pro Woche je dreißig Minuten lang durfte ich mich in einem Labor-Ruhesessel niederlassen. An meinem Kopf wurden Elektroden befestigt, und aus einer Magnetspule durchrauschten schwach elektrische Ströme mein Gehirn. Damit sollten die Stimmen mundtot gemacht werden. Genau habe ich die Methode nicht verstanden. Mir tat's nicht weh und um die Stimmen nicht leid. Ich lagerte bequem und konnte mir während der Prozedur eine Folge der »Simpsons« ansehen. Homer, Marge, Bart & Co. hatten jetzt akustisch eindeutig mehr drauf als meine blöden Stimmen. Natürlich kamen die danach gleich wieder.

Des Weiteren machte man mit mir eine neuropsychologische Unter-suchung. Ich hätte Intelligenztest dazu gesagt. Ich musste rechnen, würfeln, mir Bilder, abstrakte Begriffe und Zahlen merken und, nach einigen Zwischentests, mich erinnern und alles Gemerkte aufsagen. Das erste Ergebnis klang erfreulich: »... *eindeutig überdurchschnitt-liche Fähigkeiten der ›fluiden Intelligenz‹*«. Das andere fand ich ziem-lich ernüchternd: »... *eine durchschnittliche Intelligenzleistung der ›kristallinen Intelligenz‹*«. Weiß der Himmel, was ich bei den Tests vollbracht hatte, um fluide, kristallin und intelligent rüberzukommen. Kristallin gefiel mir am besten. Das klang so schlank.

✳

Im Laufe der Wochen erschien ich den Ärzten zunehmend »*affektiv schwingungsfähiger*«. Vielleicht lag es an dieser leichten Besserung meiner Symptome, dass ich die beflügelnde Bekanntschaft einer Engländerin machte – nachts um 2:30 Uhr im Gemeinschaftsbad auf der Station. Ich litt immer noch unter Schlafstörungen und wachte jede Nacht blitzhell auf. Auf dem Weg zum Schwesternzimmer *(bitte, bitte, ein Schlafmittel!)* hörte ich aus der Dusche Wassergeprassel. Heraus kam, in ein Badetuch gewickelt, die junge Frau. Wir mussten beide lachen. Mit Erlaubnis der Pfleger durften wir runter in den nächtlichen Garten. Nach einer Zigarettenlänge schlugen wir uns heimlich in die Büsche Richtung Tankstelle, um Tee und ein Feuerzeug zu kaufen. Der Weg zurück war aufregend, da sich der Hintereingang von außen nicht öffnen ließ. Wir mussten uns vorne am Pförtner vorbeischleichen. Er schlief tief – wie immer.

Es war die Zeit der Fußball WM. Beim Deutschland-Portugal-Spiel (4:0) jubelten wir in einer kleinen Bar beim Mini-Public-Viewing. Wir hatten uns Fähnchen auf die Wangen gemalt und genossen ein Stückchen normales Leben. Zaghaft fingen meine verklebten fünf Sinne an, sich wieder zu entfalten. Ich schnupperte Freiheit!

Im Sog des Albtraums – Siebte Klinik
2014

Freiflugversuche

Nach drei Monaten in der Universitätsklinik (Nr. 6) wurde ich am 26. Juni entlassen. Schon auf der Fahrt nach Hause spielten sich die Stimmen erneut als Wortführer auf. Beobachter, Verfolger, Depressionsgeister und Suizidverführer waren schon vorausgeeilt und hechelten in dunklen Wohnungsecken in Erwartung ihres Opfers. Meine relative Hochstimmung (endlich wieder daheim!) stürzte im Nu auf *Ground Zero*.

Zwei Tage später zog es mich schon wieder in die Klinik – vordergründig zu der wöchentlichen Kaffeetafel für Akut- und ehemalige Patienten, hintergründig zu der mir vertrauten Stationsärztin. Ich berichtete von meinem Megaballast. Ihr Rat: Erhöhung der Medikamentendosis oder Wiedereinweisung in die Klinik. Ich entschied mich für einen dritten Weg, einen fast-sofort-Termin bei Dr. Wintersee. Er hörte und verstand die Verzweiflung in *meiner* Stimme und nahm sich viel Zeit für mich.

In mir war alles, wirklich alles am Boden. Als Ersthilfe rang mir Dr. Wintersee einen »Anti-Suizid-Pakt« ab. Anschließend erforschte er meinen akuten Konflikt: Es ging um die obligatorische Anschlussbetreuung nach einem Klinikaufenthalt. Laut offizieller Regeln muss man eine weiterführende Psychotherapie bei der Institutsambulanz absolvieren. Das wäre in meinem Fall Frau Dr. R. gewesen. Die hatte ich aber nur zwei Mal kurz gesehen. Niemals wollte ich von Dr. Wintersee zu einer fast Fremden wechseln müssen. Meine Einzelfallhelferin Frau Z., die jeden Tag zu mir nach Hause kam, stellte sich gegen mich: »Dr. Wintersee? Der hat Ihnen in den letzten Jahren doch auch nicht so toll geholfen. Sie mussten trotz seiner ›Hilfe‹ immer wieder in die Psychiatrie!«

Ich fand ihren Kommentar so bescheuert, dass ich gereizt anfing, mit ihr über meinen Psychiater zu streiten. Ich wollte ihn, dem ich *vertraute* und der mich immer wieder gestützt hatte, nicht einfach in den Wind schießen zugunsten einer fremden Therapeutin.

Meine Einzelfallhelferin, jetzt drohend: »Es ist Ihre *Pflicht*, bei dem Träger eine Therapie zu machen. Wenn Sie sich weigern, werde ich Sie nicht weiter betreuen!«

Rumms, das war eine Ansage. Ich bebte vor Erregung, Erbitterung und stumpfem Widerstand.

Auf Psychodruck dieser Art (oder was ich als solchen empfand) hatte ich schon immer hochempfindlich reagiert – als Kind mit Heulen, Trampeln und hysterischen Anfällen. Diese explosive Kraft war nun weg – aufgesaugt und handlungstot gemacht vom schwarzen Loch. Die ärztlichen Diagnosetüfteleien (»*Typ Schizophrenie!*« »Aber verehrter Herr Kollege, viel wahrscheinlicher: *Typ Borderline!*«) tangierten mich nicht – außer einem Berg bunter Psychopillen (wegen derer ich allerdings noch lebte) hatte ich nichts davon.

Die kurze Auseinandersetzung mit der Helferin aber traf mich, die hochgradig Übersensible, ins Herz: Sie verstand *mich* nicht und ich *sie* nicht. Niedergeschmettert verstummte ich und rollte mich im Bett ganz klein (Stimmen, aufstachelnd: »*Schlitz dich, ritz dich!*«).

Letztendlich klärte die Kliniktherapeutin Dr. R. durch ein simples Telefonat beim Kostenträger die verfahrene Situation: Ab sofort durfte ich zu beiden in Therapie gehen, zu ihr *und* zu Dr. Wintersee. Der unnütze Wirbel hatte mir heftig zugesetzt.

Dr. Wintersees Hilfe musste ich eine Zeitlang täglich in Anspruch nehmen. Ohne ihn hätte ich wohl den letzten Schritt getan – trotz Pakt.

*

Die Einzelfallhelferin Frau Z. blieb mir zwangsweise erhalten. Natürlich brauchte ich Hilfe bei der Eingewöhnung zu Hause. Alleine hätte ich so alltägliche Dinge wie Einkaufen, Kochen und die Wohnung in Ordnung halten nie hingekriegt. In den ersten Tagen kam sie ziemlich häufig zu mir. Ich fühlte mich von ihr bevormundet und zunehmend genervt von ihren kontrollierenden Anrufen mehrmals täglich. Eine gemeinsame Wellenlänge fanden wir nie. Zum Glück hatte sie dann zwei Wochen Urlaub.

Mit ihren beiden Vertretungen, zu denen ich schließlich ganz wechseln durfte, verstand ich mich ausgezeichnet. Neben meinem Psychiater und Franzi wurden sie meine intensivsten Hilfskontakte.

*

Zu Dr. Wintersee ging ich jetzt regelmäßig einmal pro Woche. Wir überlegten gemeinsam, ob ich einen weiteren Klinikaufenthalt bräuchte oder versuchsweise ein neues Medikament. Fast hätte ich die geschlossene Station gewählt. Dort kam kein Fremder *(Verfolger?!)* rein, da fühlte ich mich sicher, und die Ärzte nahmen mich ernst.

Das dann doch gewählte Medikament schlug an: Es ging mir zunehmend besser. Mein Kopf klarte auf – sehr zum Verdruss meiner Stimmen, die sich abgeschoben wähnten (Stimmen, unterdrückt: *»An Alle! Anweisung von ganz oben: Ruhe! Abwarten!«*).

Die Psychotherapeutin Dr. R. aus der Klinik suchte ich auch auf. Jetzt sollte es den Stimmen an den Kragen gehen. An Flipcharts listete ich die unterschiedlichen Stimmen auf – männliche, weibliche, junge, alte, irgendwelche und einige mehr. Hatte mein Gehirn Obrigkeiten (Vater, Mutter, Lehrer oder Sonstige) produziert, um meine Sinne zu entern, mich zu traktieren? Leider oder glücklicherweise konnten wir keine einzige reale Person identifizieren.

Die Stimmen blieben eine wüste Horde. Bis heute hausen sie in mir.

*

Die neuen Medikamente bewirkten nach einiger Zeit Erstaunliches. Als die Nebenwirkungen abklangen und ich vor Müdigkeit nicht mehr ständig einschlief, wurde ich aktiv.

Selbst gewollt und selbst gewählt aktiv. Ich besuchte einen Englisch-Intensivkurs der Universität in Grunewald (14 Tage von morgens bis abends). Dann dreimal pro Woche zum Kieser-Training (Krafttraining an Geräten zur Muskelstärkung). Und endlich wieder Saxophonunterricht und (mein wichtigster Termin in der Woche!): die Reittherapie mit langen S- und Trambahnfahrten bis nach Potsdam und zurück. Das alles hielt ich aus, und es machte mir auch noch Freude. Energie, Körperkraft und Konzentrationsfähigkeit wuchsen stetig. Ich fühlte mich richtig gut – so gut, wie selten in meinem Leben. Die Stimmen schwiegen meist vor sich hin. Die Magnetströme in Klinik Nr. 6 hatten sie noch ungerührt an sich abtropfen lassen; die geballte Macht der Psychopharmaka aber ließ sie kuschen.

Frau R., meine Stimmenspezialistin, bemängelte »fehlende Dynamik« zwischen uns, und dass ich »keine Therapieziele« formulieren könnte. Ihr Angebot, darauf hinzuarbeiten, mich *ohne* Medikamente von Stimmen und Suizidgedanken zu befreien, erschien mir mordsmäßig verwegen und komplett unrealistisch. Meine neuen Energien wollte ich nicht für vage Erfolgsaussichten auf's Spiel setzen. Beim Nachdenken *(wirklich gar keine Medikamente mehr?!)* schraubte sich wieder Panik in mir hoch. Bis auf Weiteres verabredeten wir keine neuen Termine.

*

Sommer! Auf, in die Uckermarck zu einer Woche Urlaub mit meiner Mutter in einem Schlosshotel! Hier konnte ich jeden Tag schwimmen und reiten, hatte keine Angst und sogar Einzelunterricht auf einem zutraulichen Pferd. Mama und ich waren heiterer Stimmung, verstanden uns außergewöhnlich gut, ohne Streit, sehr entspannt. Jetzt, als ich mit meinen medikamentös aufgeweckten Sinnen die Welt wieder wahrnahmen konnte, musste ich sehen: Durch die fortschreitende Multiple Sklerose hatte meine Mutter große Probleme beim Laufen. Jeden Schritt im Haus musste sie zuerst durchdenken, dann erst konnte sie ihn wackelig tun. Spazier*gänge* gab es nicht mehr für sie; ich schob meine Mutter im Rollstuhl ins Freie. Beide fluchten wir über das rumpelige, krampfauslösende Kopfsteinpflaster.

Mir wurde ganz schwach vor Scham, dass ich Mama so lange Monate nicht beachtet und mich kein bisschen um *sie* gekümmert hatte. Die Stimmen hatten mir auch *Mit*-Fühlen radikal untersagt.

✳

Abends im Hotelzimmer krame ich plötzlich Schreibblock und Kuli raus und fange an zu kritzeln – ganz ohne Nachdenken:

»Ach, da hat mich nur eine Katze gekratzt. It doesn't matter ...«

Hey, da bin ich ja in Neuseeland, bei den Butlers ... nach meinem ersten Ritzen. Warum fällt mir *das* jetzt als Erstes ein? Ist es wirklich schon sechs Jahre her? Und die Jahre danach, was da alles passiert ist ... Wahnsinn! Wann bin ich in die erste Klinik gekommen? Ich wollte doch nur schlank sein! Danach bin ich voll abgedriftet, musste Psychoquälereien mitmachen, sollte ständig essen, würg. Aber interessant! Ich kann ja *alles* aus meinem verrückten Leben aufschreiben. Wer sagt, dass man dafür steinalt sein muss? Hat nicht Franzi so was bei einer Therapiestunde gesagt – dass ich mein Leben schreiben soll? Um Überblick und Klarheit zu bekommen, das würde heilen. Chessy hatte damals genickt und gelächelt ... da muss ich gleich weinen. Herrje, wann war ich eigentlich dort? Kann ich zu Hause nachforschen. Auch die Arztdiagnosen. *Oh my God*, ob ich die lesen mag? Aber ohne die wird das nix. Immer ehrlich sein, Sabine! Ich will mir ein Konzept machen, eine Gliederung. Schön chronologisch. Aber den Anfang mit Neuseeland lass' ich, der gefällt mir. Mitten rein ins Geschehen, der Rest wird sich finden! (Stimmen: *staunen stumm*)

Die ganze Woche über schrieb ich immer wieder an meiner »Lebensabschnittsgeschichte«. Zu Hause recherchierte ich die vielen Daten, Zeitabschnitte, Ereignisse. Ich erinnerte mich an Mamas Tagebuch, diesen Wunderkorb mit all dem längst Vergessenen: Ich las über dieses sonderbare Kind Sabine (ein kluges, eigensinniges Mädchen, sympathisch!), über Eltern, Schwester, Oma, Krankheiten, Trennungen, Tod. Ich grub wieder die Anfänge mit Alexander aus, *unsere* Trennung, dann Klinik Nr. 1 - Nr. X. Angesichts des Großkapitels Psychiatrie war schlagartig Schluss. An meine (ess-)gestörten Katastrophen wagte ich mich nicht. Den Stapel dicht beschriebener Blätter packte ich in eine Mappe. Später, irgendwann, würde ich mein Leben weiterschreiben …

✳

Dr. Wintersee hatte sehr behutsam versucht, mich vorzubereiten, dass mein Wundermedikament nicht für den Dauereinsatz geeignet sei. Gegen *die Stimmen* müssten wir ein anderes finden. Schon wieder ein neues Medikament? Jede Veränderung in meinem Leben, die nicht meine Idee und von mir *gewollt* ist, löst seit Beginn der Magersucht Angst bis Panik in mir aus. Nun aber Ruhe und erstmal Durchatmen: Ich entfaltete den Beipackzettel des neuen Medikaments – sicher einen halben Meter lang, Vorder- und Rückseite eng bedruckt in Ameisenschrift. Automatisch scrollten meine Augen runter zu den Nebenwirkungen. Wusste ich's doch: Gewichtszunahme!

Mir ist immer noch nicht klar, ob man zunimmt, weil die Medikamente Heißhunger auslösen, oder weil der hochkomplizierte Stoffwechsel rumspinnt und auch noch üble Folgeschäden produziert. Vorsorglich verbannte ich alles Süße aus dem Haus (einfach weggeschmissen, ehrlich). Mit dem Essen klappte es dann ganz gut – bis auf vereinzelte Attacken schlechten Gewissens und typisch weiblicher Mäkeleien, dass mir ein paar Kilos weniger besser zu Gesicht stünden.

✳

Meine alte Waldorfschule veranstaltete im Sommer eine Klassenfahrt für die 9. Klasse. Ich sollte als Betreuerin mitfahren. Ein paar Monate zuvor hätte ich mir das auf gar keinen Fall zugetraut. Mit dem Bus fuhren wir nach Brandenburg auf den Hof, wo ich sieben Jahre zuvor auch schon mein schulisches Landwirtschaftspraktikum absolviert hatte. Die Gegend kannte ich, die Abläufe und Arbeitseinteilungen im Haus und auf dem Hof auch. Also alles ganz *easy*?

Aufsicht und (Mit-)Verantwortung für 25 halbwüchsige 14-Jährige sind keine Kleinigkeit; ein Haufen wilder Hummeln ist nichts dagegen. Aber ich wurde ihrer Herr.

Für die Schüler des Küchendienstes begann der Tag um 4:45 Uhr. Ich, die erwachsene Betreuerin, musste erst um 8 Uhr antreten. Ab da ging's auch für mich in der Küche rund: Ich hatte unterschätzt, welche Mengen für die insgesamt 35 Personen eingekauft, geschnibbelt, gekocht, abgewaschen und eingeräumt werden mussten. Beim Essen orientierte ich mich an den meist schlanken Mädchen: Ich guckte mir ihre Portionen ab und kopierte Menge und Essverhalten. Mein stets lauerndes schlechtes Gewissen konnte ich geflissentlich überhören. Wieder tat mir der geregelte Tagesrhythmus gut. Nach den Sonntagsausflügen (Fahrradtouren zum Pflanzenbestimmen und mehrstündige Wanderungen) war selbst ich von meiner Konsequenz den Schülern gegenüber und meinem Durchhaltevermögen begeistert. Nur mein Rücken hielt nicht durch. Durch das lange Stehen in der Küche schmerzte er höllisch. Ich musste ein paar Tage früher abreisen. Auf den MRT-Aufnahmen [Magnetresonanztomografie] sah ich meine rausgequetschten Bandscheiben. Ich musste mir anhören, dass das kaum reparierbare Folgeschäden seien durch meine schnellen und extremen Gewichtswechsel. (Stimmen, aufgeweckt: »*Nicht heilbar? Ausgezeichnet! Dann sind wir ja bald wieder dran!*«)

*

Mit fünfzehn Jahren hatte ich, laut Mamas Tagebuchnotiz vom 10. Februar 2009, wieder einmal hochfliegende Berufswünsche geäußert: Medizin, Architektur oder Botanik. Im Herbst 2014 schrieb ich mich dann an der Hochschule ein für eine Mischung aus Architektur und Botanik, für »Landschaftsarchitektur«.

Schon in den Einführungstagen für Erstsemestler überfiel mich als Nebenwirkung des neuen Medikaments lähmende Müdigkeit. Bei den Vorlesungen und stundenlangen Unterrichtsmodulen fiel es mir extrem schwer, mich zu konzentrieren. Kaugummizeiten, die ich nebenher nutzte, um an Modellen zu bauen, Karten zu zeichnen oder den Schattenwurf von Häusern zu konstruieren.

Neuen Schwung gab mir die Kommilitonin Sandrina. Wir befreundeten uns, unternahmen viel und quatschten endlos. Sie war die einzige, die mir in der Masse der Studenten wichtig war (mein altes Problem: Kontaktschwierigkeiten). Ich fand Sandrina wunderbar.

In der vorlesungsfreien Zeit vor Weihnachten fuhr ich mit der ganzen Familie nach Rheinsberg in ein behindertengerechtes Hotel. Meine Mutter konnte fast gar nicht mehr laufen. Jetzt setzte ihr der rubbelige Straßenbelag so zu, dass wir sie auf den leichter rollenden Hinterrädern des Rollstuhls nur in Schräglage schieben oder ziehen konnten.

Auf der Rückfahrt schockte mich eine Nachricht: Sandrina simste, dass sie ihr Studium abgebrochen hätte. An Sandrina hatte ich mein Herz gehängt, und nun wollte auch sie aus meinem Leben wieder verschwinden?! Unsere Freundschaft hatte mich wie eine schützende Membran umhüllt. Nun klaffte der Riss. Es tat so weh.

*

Tag für Tag ging es mir schlechter. Die Welt verzerrte sich und kippte weg. Stimmen hämmerten im Kopf, Angst würgte mich. Verfolger fraßen sich in meinen Rücken. Feige fliehend sprach mein Lebenswille mit leiser Stimme: »*Der Tod ist gut. Er löst dich auf. Für immer.*«

Am Ende

Zwei Tage nach Weihnachten passierte es. Ich konnte und wollte nicht mehr. In meiner Verzweiflung (es war noch viel schlimmer, aber es gibt kein treffenderes Wort) schluckte ich alleine zu Hause mit ein paar Gläsern Leitungswasser eine gute Menge Tabletten. Davon hatte ich genügend zur Auswahl. Ich wählte nicht, ich nahm einfach alle, die mir auf die Schnelle in die Hände fielen …

Niemand bekam meinen Suizidversuch zeitnah mit, und mir passierte nichts Schlimmes. Das Einzige, was geschah: Ich schlief ein. Ich schlief wie tot und wohl sehr lange.

Irgendwann regten sich Geister in mir, die leben wollten. Todmüdes Dämmern: Ich lebe noch? Na toll, noch zu blöd, um mir das Leben zu nehmen. Die Stimmen – schwiegen. Sie hatten ihr Ziel verfehlt. Ich lebte. Leider.

✳

Alexander kam von der Arbeit, fand die aufgerissenen Packungen, runtergerollte Tabletten und mich noch halb betäubt im Bett. Er benachrichtigte sofort Dr. Wintersee von meinem Suizidversuch. Stunden später, als ich mich schon wieder auf den Beinen halten konnte, fuhr Alexander mich auf meinen Wunsch zum Psychiater.

»Können Sie mir versprechen, dass Sie sich nicht wieder etwas antun?« »Ich weiß nicht? Vielleicht?« »Entweder Sie versprechen es mir ehrlich oder Sie müssen in die Klinik.« »Ich glaub' nicht?«

Unser Gespräch drehte sich im Kreis. Ich *wollte* ja versprechen, aber ich *konnte* nicht. Zu tief saß in mir, dass ich wieder versagt hatte. Bei einem nächsten und letzten Anlauf – musste ja keiner mitkriegen, wann und wo – *musste es* einfach klappen. So denkt die wahre Perfektionistin.

Dr. Wintersee forderte den zuständigen Sozialpsychiatrischen Dienst an. Auch dieser Herr wollte mir mit vielen beschwörenden Worten *das Versprechen* abnehmen. Ich konnte nicht.

Was weiter geschah, könnte nur ein Außenstehender korrekt und detailliert wiedergeben. Ich kenne zwar alle Krankenberichte und was mir darüberhinaus zu Ohren kam – doch alles sperrt sich in mir, selbst darüber zu schreiben. Es war zu schrecklich.

(Stimmen, drängelnd: »*Lass uns erzählen! Wir waren dabei, in dir!*«) Nur widerwillig und verschwommen erinnere ich mich noch, wie ich in Dr. Wintersees Praxis die Sirene eines Krankenwagens heranjaulen hörte (»Der kann doch nicht für mich sein?«). An dieser Stelle riss mein Gedächtnisfilm. Worte wie »Angst« und »Panik« sagen unverschämt wenig über meine damalige akute Psychose aus.

*

Nun gut, dann sollen *meine Stimmen* berichten, was mit mir geschah und was ich im Wahn ungewollt-unwissentlich anrichtete.

Stimmen, befriedigt: »*Na also, geht doch! Dann wollen wir mal …*

Am 27. Dezember 2014 wurde S.H. in der Praxis von Dr. W. von der Besatzung eines Krankeneinsatzwagens der Feuerwehr völlig verwirrt und in Panik angetroffen. Die zusätzlich herbeigerufene Polizei begleitete sie in Person eines für schwierige Fälle geschulten Beamten aus der Praxis. S.H. widersetzte sich und floh auf die Straße. Zwei Polizeibeamte (m/w) nahmen die Verfolgung auf. S.H. konnte zu ihrer eigenen Sicherheit gestellt und in den Feuerwehrwagen gedrängt werden. Wartende an der Bushaltestelle der stark befahrenen Straße betätigten sich als Gaffer. S.H. bemerkte die Peinlichkeit der Situation nicht.

Auf der unspektakulären Fahrt in den Innenhof der Klinik versuchte die begleitende Polizistin, ein beruhigendes Gespräch mit S.H. zu führen, was zum Teil gelang. Der mit einem Tor verschlossene Hof und die daraus resultierende Aussichtslosigkeit einer weiteren Flucht versetzte sie abermals in Panik. Sie weigerte sich weiterzugehen. Sanitäter (m/w) und Polizeibeamte (m/w) ergriffen sie, geleiteten sie auf die Station und entfernten sich nach Erfüllung ihres Auftrages. S.H. sah sich kurzzeitig sich selbst überlassen. Sie versuchte, die verschlossenen Türen zu öffnen und steigerte sich in Hysterie. Herbeigerufene Pfleger wurden von ihr mit einem, aus ihrem nicht beschlagnahmten Rucksack gezogenen Cuttermesser bedroht und angegriffen. (Wir wissen, dass der Cutter, seinem handwerklichen Zweck entsprechend, im Studium ›Landschaftsarchitektur‹ sonst ausschließlich verantwortungsvoll zum Modellbau eingesetzt worden war.) Mehrere Pfleger konnten S.H. das Messer entwenden und sie in einen Raum verbringen. Einer Pflegerin, die S.H. von einem vorherigen Aufenthalt bekannt und nicht angenehm war, misslang der Versuch, ihr auf einem Stuhl sitzend eine Beruhigungstablette in den Mund einzuführen. S.H. versuchte mehrmals vergeblich aufzustehen. Die Pfleger überwältigten sie, fixierten sie an einem Bett und verabreichten ihr eine Spritze. Die ungewohnte Erfahrung von S.H., sich nicht bewegen zu können, ließ sie völlig irre erscheinen. Die Fixierung verhinderte durch Unterbindung von Körperdrehungen ihren Schlaf. S.H. verweigerte die Einnahme von Medikamenten und Zufuhr von Flüssigkeiten. Sie wiegte sich in der fälschlichen Annahme, auf die Weise rasch verdursten zu können. Mittels Fixierung und Tropf gelang es, S.H. sedierende und NaCl-Infusionen zu verabreichen. Die Fixierung und die daraus resultierende Bewegungs- und Handlungsunfähigkeit empfand S.H. als demütigend. Nachtrag: Wir, S.H.s Stimmen, weisen jeden Verdacht als unbegründet zurück, dass wir an den Vorkommnissen eine Schuld oder Teilschuld gehabt haben sollen!«

✳

Der letzte Satz der *Stimmen* ist schamlos gelogen – sie allein haben mich zu diesen Taten gezwungen. Jetzt habe ich mich revanchiert und *sie* für meinen beklemmenden »Zwangseinweisungsbericht« benutzt.

Sechs Wochen sollte ich auf der geschlossenen Station untergebracht bleiben (Psychiatrie in Klinik Nr. 7, die gleiche wie Nr. 4 und 5). Der Unterschied zu allen vorherigen: diesmal nicht freiwillig, sondern zwangsweise. Anscheinend hatte mich in meiner fixiert-sedierten Phase eine Richterin des Amtsgerichts samt Zeugen begutachtet, um die Zwangsunterbringung höchstrichterlich zu genehmigen.

Mein »Ich« war wie unter einem Panzer aus zäh-klebriger Watte erstickt. Er verstopfte alle Verständigungskanäle zur Außenwelt. Meine *dissoziativen vier Affen* hockten wieder wie Steine auf mir.

Irgendwann wurde ich defixiert. Pfleger öffneten die Stoffgurte, die Körpermitte, Hand- und Fußgelenke ans Bett gezurrt hielten. Ich durfte aufstehen, war total neben mir, schwach und wackelig auf den Beinen. Und endlich durfte ich – unter Beobachtung einer Pflegerin – auf die Toilette. Tagelang war mir eine Bettpfanne untergeschoben worden. Die Peinlichkeit dieser liegend-unproduktiven Körperhaltung war sogar durch meine Betäubung gedrungen.

Ich bekam die Auflage, in meinem Zimmer zu bleiben und mich ruhig zu verhalten. Doch meine Stimmen hatten anderes mit mir im Sinn (»*Hau ab! Flieh!*«). Ich tat, wie mir befohlen, sprang aus dem Bett, schlüpfte in die Schuhe, rannte zur Stationstür und versuchte sie zu öffnen. Hinter mir dröhnte schon der Alarm. In Sekundenschnelle überwältigten mich Pfleger und Ärzte und banden mich wieder rücklings aufs Bett. In den Folgetagen wiederholte sich das Procedere. Als es mir stückchenweise besser ging, durfte ich besucht werden. Mama kam häufig. Ihre Liebe sickerte durch meinen Wattepanzer auf meine verwundete und tief gestörte Seele. Das konnte ich ein bisschen spüren. Sicher versuchte sie zu verbergen, wie sehr sie wegen der verstörenden Persönlichkeitsveränderung ihres Kindes litt.

Dann schauten ein paar Kommilitonen vorbei und Sandrina mit einem kleinen Kuscheltier; leider habe ich nie wieder von ihr gehört.

Angeordnete Musiktherapie: Der Therapeut holte mich von der Station und geleitete mich ins Musikzimmer. Eine absonderliche Stunde lang musste ich mir mit ihm immer wieder eine einzige CD anhören: Barbra Streisand. Die war noch nie mein Fall gewesen. Da in dem Raum auch ein Klavier stand, ließ ich mir von Alexander mein Notenheft für vierhändige Klavierstücke mitbringen. Es blieb bei ein paar Klimper-Etuden Seite an Seite mit dem Musikmann auf dem Klavierhocker. Er war irgendwie schräg drauf und mir unangenehm. Ich war erleichtert, dass diese Therapie bald wieder ein Ende hatte. Eigentlich schade – Klang und Rhythmus hatten mich leise zum Schwingen gebracht.

*

Wäscheklau: Unsere Schmutzwäsche sollten wir in einem Sack in den »unreinen« Raum stellen. Die Tür war wie häufig abgeschlossen, und ich stellte meinen Beutel einfach davor. Bei der Gruppenvisite bemerkte ich verblüfft, dass eine Patientin die gleiche Hose hatte wie ich. Und auch das gleiche Shirt. Das mag keine Frau. Mein verlangsamtes Denken brachte mich erst im Lauf der Stunde drauf, dass das meine Kleidung aus meinem Wäschebeutel war! Ich meldete, man untersuchte ihr Zimmer und fand meine gesamte Wäsche zusammengeknüllt bei ihr im Schrank. Ich ekelte mich, da sie alles anprobiert und mit ihrem Körpergeruch kontaminiert hatte. Bah.

*

In der Psychiatrie geschehen viele seltsame Dinge. Eine ältere Frau rannte immer nackt durch die Station. Und ein Engländer, den ich wegen seines üblen Slangs und seiner wirren Grammatik überhaupt nicht verstehen konnte, machte sich an mich ran und zwang mir nasse Handküsse auf. Das war richtig widerlich. Er wirkte ungepflegt und roch schon im Anmarsch. Ein höchst realer Verfolger, dem ich auch noch entkommen musste – meist vergeblich.

Betreut

Mit der Zwangseinweisung und dem, wie ich fand, empörend langen, sechswöchigen Aufenthalt auf der Geschlossenen, war es nicht getan. Ein Stationsarzt regte beim zuständigen Betreuungsgericht an, dass ich wegen meiner Persönlichkeitsstörung wohl eine weiterführende Betreuung bräuchte. Man befürchtete – sicher zu recht –, dass ich absehbarer Zukunft nicht in der Lage wäre, mein gestörtes Leben alleine in den Griff zu bekommen.

Nach meiner Anhörung durch einen unabhängigen Vertreter des Betreuungsgerichts (Stimmen, männlich, warnend: *»Sag' nichts! Alles wird gegen dich verwendet!«* – ich sagte trotzdem zu meiner Lebenssituation aus) wurde ich »sachlich und zeitlich beschränkt« unter Betreuung gestellt.

Man teilte mir zwei Betreuerinnen zu: Die rechtliche Betreuerin, Frau L., wird dann aktiv, wenn ich wieder stationär eingewiesen werden müsste. Sie hat dann auch die Aufgabe, einer Medikamentierung zuzustimmen. Wir haben uns nur zwei- oder dreimal gesehen.

Die andere Betreuerin, Frau H., kümmert sich um die Aufgabenkreise Aufenthalt (einschließlich Wohnung und Abschluss von Heim- und Mietverträgen), Gesundheitssorge und Umgang mit Behörden.

Ich kann von Glück sagen, dass es diese Betreuung gibt. Alleine wäre ich gefährlich aufgeschmissen. Alexander, als mein »nur-Freund«, wäre rechtlich gar nicht befugt, über mich zu bestimmen (und zwischenmenschlich überfordert). Durch das Betreuungsgesetz des BGB §§ 1896 ff. bekomme ich »Unterstützung, Hilfe und Schutz«.

Das »Sabine-Hilfspaket« wurde vom Gericht auf zwei Jahre festgelegt. Bislang kann ich gut damit leben. Mir stehen Hilfspersonen zur Seite, wenn's mit Psyche und Lebensorganisation mal wieder brenzlig wird.

Traum – Realität

2015 ff.

Zwischenschritte

Noch aus der Psychiatrie Nr. 7 stellte ich mit Unterstützung der Betreuerin Frau H. einen Antrag auf eine erneute Reittherapie. Die Pferde, allen voran Chessy, hatten mich berührt und bewegt, meine Kindersehnsucht nach Körpernähe und Schmusen erfüllt und mich meine Schwächen fühlen und Stärken aufbauen lassen. Ich hatte so große Hoffnung, bald wieder in die Obhut meiner vertrauten Reittherapeutin Franzi zu kommen.

Endlich kam der Antwortbrief. Erwartungsvoll riss ich den Umschlag auf. Aber was musste ich lesen: »Ausgebucht. Wartezeit: zwei Jahre.« Erst Anfang 2017 könnte mir ein Therapieplatz zugesagt werden. Dabei war gerade erst Januar 2015! Ich konnte es nicht fassen.

Der Boden sackte weg. Von hoch oben sah ich meine Füße ganz klein in pinkfarbenen Flip-Flops – balancierend auf einem sirrenden Strich über schwarzem Nichts. Haarfeine Risse zerbröselten meinen Halt (Stimmengewisper: »*Jetzt fällt sie!*«).

Psychopharmaka bremsten den Sog der Tiefe.

Ich fand zurück in die Realität.

*

Dann war auch der siebte – und hoffentlich letzte – Aufenthalt in der Psychiatrie beendet. »Gesund« war ich nicht. Das sollte ich bald spüren. Im Februar fuhr ich mit meiner Mutter und Alexander nach Binz auf Rügen. In der Nähe des Hotels wurden täglich Reitstunden angeboten. Es hätte so schön sein können. Durch die starken Medikamente war ich aber körperlich so schwach und motorisch eingeschränkt, dass ich nicht alleine reiten konnte. Stattdessen führte man mich an der Longe im Kreis. In der zweiten Woche wechselten sich Alexander und meine Schwester als Urlaubsbegleitung ab. Zu meinem 22. Geburtstag schenkte mir Viktoria einen Gutschein für einen längeren Ausritt. Meine Kondition hielt eine knappe Stunde, immerhin. Dann war ich so erledigt, dass ich nur noch abrutschgefährdet im Sattel hing. Die Pferdebegleiterin musste absteigen, mich stützen und uns am kurzen Zügel zurückführen.

✳

Die vorlesungsfreie Zeit drohte mit höllisch viel Lernstoff für die anstehenden Prüfungen in Landschaftsarchitektur über alles aus dem ersten Semester. Meine Mutter half mir durch Abfragen der komplexen Themen. Immer wieder entglitt mir die Konzentration, und ich musste wieder von vorne anfangen.

Die Prüfungen zu Beginn des zweiten Semesters bestand ich trotzdem. In den folgenden Wochen kämpfte ich mich durch Vorlesungen und Seminare. In »Alternative Energien« mussten wir jede Woche einen Gruppenvortrag halten. Wie schon vor Neuseeland grauste mir wieder, vor Professor und Kommilitonen frei zu sprechen. Zum Glück war ich als Erste dran und trug meinen Part reibungslos vor. Beim Warten und Stehen, bis die vier anderen aus meiner Gruppe ihre Vorträge gehalten hatten, wurde mir entsetzlich schwindelig mit überfallartiger Übelkeit. Man schob mir einen Stuhl unter, und ich kam langsam wieder zu mir. Glücklicherweise war ich nicht der Länge nach umgekippt und hatte mich nicht vor aller Augen erbrochen.

Die Zeichen waren eindeutig: komplette körperliche und seelische Überforderung. Erst reduzierte ich meine Module, dann unterbrach ich offiziell mein Studium Landschaftsarchitektur. Die Prüfungen, für die ich schon so viel gelernt hatte, durfte ich wegen der Krankschreibung nicht mehr mitmachen.

Grenzenlose Erleichterung: Der Druck war weg. Ohne Ritzen.

Tage und Wochen gingen dahin. Stimmungswechsel, aufgefangen durch meine wöchentlichen Besuche bei Dr. Wintersee, die Medikamente und Betreuerin Frau H., mit deren Hilfe ich meinen im Grunde übersichtlichen Zwei-Personen-Hausfrauen-Tagesablauf abarbeitete.

Ich lebte jetzt wie eine Rentnerin – für eine 22-Jährige auf Dauer ein unbefriedigendes Dasein. Immer häufiger ploppte hoch, mit was ich mich bereits beschäftigt hatte: Sprachen, Musik, Handwerkliches, Mathematik, Reisen – meist leidenschaftlich und oft erfolgreich. Reiten und Pferde schob ich schnell weg, da schmerzte das Herz.

Mir fiel meine Lebensgeschichte ein, die ich im Schlosshotel in der Uckermarck begonnen hatte. In irgendeinem Karton musste doch alles Geschriebene und Gesammelte stecken, auch die umfangreichen Notizen über meine jetzt schon sieben Klinikaufenthalte.

Ich raffte meinen Mut zusammen, durchstöberte den bereits ansehnlichen Stapel Blätter, las mich in meinem Leben fest, wagte mich in mein Inneres, schrieb weiter, nahm sogar die Psychohürden mit beachtlichem Schwung (Chessy sei Dank) und tippte immer weiter. Den Schlusspunkt drückte ich entschlossen in die Tastatur.

Geschafft! Zwei Lebensjahrzehnte abgeladen auf 63 DIN A4 Seiten. Nochmal durchlesen war nicht drin.

Ich war fertig (Doppelsinn!) und befreit.

*

Im August hörte ich zufällig, dass es an der Berliner Freien Universität den Studiengang »Pferdewissenschaften« gab. War der neu? Pferde *studieren* – davon hatte ich noch nie gehört. Wäre das nicht etwas für mich? Bewerbungsschluss schon in zwei Tagen!

In einer hektischen Nacht- und Nebel-Aktion stellte ich alle nötigen Bewerbungsunterlagen für den Fachbereich Veterinärmedizin zusammen, exmatrikulierte mich bei der TU und schaffte alles gerade noch rechtzeitig. Glück gehabt. Punktlandung.

Dann hieß es: warten … Würde ich den Studienplatz bekommen?

(Stimmen, kalt: »*Nein! Keiner will dich! Du bist schlecht!* «)

Nie lief etwas normal bei mir. *Sicher* würde ich eine Absage bekommen. Insgeheim und kleinlaut gab ich den Stimmen recht: In mir pochte die Ahnung, dass ich auch dieses Studium nicht packen würde. Wochen später, siehe da: Zusage!

Ab Anfang Oktober 2015 stürzte ich mich in den Bachelor-Studiengang. In sechs Semestern sollte ich nun alles über Pferde lernen. Aus dem Studienführer:

»Ein wesentlicher Grundgedanke des Studiengangs Pferdewissenschaften der Freien Universität Berlin ist die besondere Berücksichtigung des Aspekts des artgerechten Umgangs und Haltung von Pferden. In diesem Sinn ist die Orientierung der Ausbildung des Pferdes an den tierartspezifischen Bedürfnissen sowie der Lern- und Leistungsphysiologie des Pferdes ein zentraler Punkt des Studiengangs, um einerseits den Anforderungen des Tierschutzes voll und ganz gerecht zu werden und andererseits das Pferd als verlässliches Nutztier zu gewinnen. Anspruch und Ziel ist es, diesen Leitgedanken mit den im Studiengang ausgebildeten Führungskräften in alle Bereiche der Pferdewirtschaft zu bringen und dort zu verankern …«

Der erste Studientag verlief noch locker: Es gab eine Führung über den Campus, dann ein »Beisammensein bei Würstchen und Maiskolben vom Grill«. Jeder bekam einen großen Beutel mit Schreibblock, Pferdezeitschriften und eine Unitasche überreicht. Wir 30 Erstsemestler waren ausschließlich Frauen im Alter von 17 bis 45. Die meisten ritten seit ihrer Geburt und/oder besaßen ein eigenes Pferd. Ich konnte weder Pferdebesitz noch wahre Reitkompetenz vorweisen. Meine Kinder-Voltigierstunden, Aushilfsarbeiten auf Reiterhöfen und Reittherapien kamen mir jetzt ziemlich dürftig vor. Über meine Krankengeschichte und die Therapien ließ ich bei den

Kommilitoninnen natürlich nichts verlauten; es wäre zu peinlich gewesen (Ich kam meinen Stimmen zuvor: »*Psycho!*«).

Nie würde ich mein Seelenpferd Chessy verraten und bloßstellen.

*

Bald dämmerte mir, dass das Pferdestudium äußerst anspruchsvoll war. Allein die drei Basismodule des ersten Semesters (Naturwissenschaftliche Grundlagen, Landwirtschaftliche Grundlagen, Naturwissenschaftliche Arbeitstechniken) forderten ein gehöriges Maß an Vorwissen in Chemie und Physik. Nach dem Abi hatte ich so vieles vergessen, was ich jetzt dringend gebraucht hätte. Durch meine monatelangen Klinikaufenthalte und die Psychomedikamente ging auch das Lernen zäh und strengte mich abartig an.

Dazu kam meine kindlich-naive Enttäuschung: Warum sprach niemand wirklich über *Pferde*? Ich sah ihre klugen Augen mit den weichen Wimpern, die sprechenden Ohren (eins vor, eins zurück oder beide aufmerksam straff aufgerichtet), ihr glattes Fell, die Nüstern mit den lustigen Tast-Härchen. Sie hatten mich *verstanden*, hatten mich so stark gemacht, dass wir gleichwertig waren, Partner. Vom Hörsaal aus dachte ich ganz intensiv an Chessy.

Unsere Gedankenverbindung – geht die auch aus der Ferne? Wo ist sie gerade? Auf dem Sandplatz? Auf einer Wiese … Leise klirrt ein Halfter, etwas stupst und prustet kitzlig in meinen Nacken, ein Huf setzt sanft nach vorne, ich mache einen kleinen Schritt, behutsam, und noch einen, dann zusammen mit Chessy, wir gehen alleine und ohne Zügel nebeneinander, wir sind ein lebendiges Wesen, wir lächeln …

»Frau Henkes, wir befinden uns im Modul Biophysik. Ich bitte um Konzentration.« Die professorale Ermahnung hatte mir noch gefehlt. Dann, nach einem letzten Pauk-Schub in den Semesterferien, beendete ich meinen Uni-Stress und exmatrikulierte mich – tief enttäuscht und höchst erleichtert. Abschied von einem weiteren Traum.

Klarer Blick

Meine Träume ... so viele habe ich schon aufgeben müssen. Als Kind hatte ich geträumt und gebetet, dass meine Mama wieder gesund wird. Als Jugendliche, dass Oma wieder lachen und sprechen kann, Omi keinen Krebs haben soll und dass ich Model werde (trotz vererbter Nase). Ich wollte nur schlank, glücklich und perfekt sein. Sonst nichts. Dafür hungerte ich und verfiel der Magersucht, bis nur noch Haut meine Knochen zusammenhielt.

Meine Träume mutierten zu Albträumen. Jeder sah es mit Entsetzen, nur ich nicht. Ich quälte mich weiter durch die Anorexia nervosa mit allen psychischen und physischen Folgestörungen. Von meinem Traumgewicht (irgendetwas weit unter 50 kg) konnte ich immer noch nicht lassen – meine Stimmen diktierten mir Körperoptimierung. Durch ihre Macht gesteuert, ließ ich es zu, dass sich die unzähligen privaten und professionellen Hilfskräfte an meinem Widerstand abarbeiteten und verzweifelten.

Ich verzweifelte auch. Jede neue Therapie hatte auch in mir Hoffnungen geweckt. Ab Klinik Nr. 4 ging es nur noch darum, meine psychotischen Zustände mit Drang zum Suizid durch schwere Medikamente zu betäuben. Nicht wenige der klinischen Therapien waren wirkungslos an mir abgeprallt: Manchen Therapeuten konnte ich null Sympathiepunkte vergeben, und/oder die Therapien kamen mir unverständlich bis fragwürdig vor, weil sie nicht *mich* meinten.

Meine Realität heute: zwei abgebrochene Studiengänge, keine Berufsausbildung, meine Stimmen grummeln weiterhin, die nächste Pferdetherapie ist noch fern, und die Medikamente lassen geballt ihre verdammten Nebenwirkungen an mir aus.

All das summiert sich zu einem bedrückenden »Einerseits«.

Silberstreifen

Doch da ist auch mein positives »Andererseits«. Die Liste ist nicht allzu lang; meine nähere Zukunft bleibt übersichtlich:

1. Meine Familie und mein Freund halten zu mir. Liebe zu spüren und geben zu können, ist wieder das Wichtigste für mich.

2. Mein Psychiater will mir helfen, die Psychopharmaka auszuschleichen. Dann kann ich meine abgebrochene Therapie bei der Stimmenspezialistin wieder aufnehmen – diesmal mutig und mit klarem Ziel.

3. Meine neue Betreuerin Frau Sch. ist sehr lieb und verständnisvoll. Außerdem hat sie einen jungen Hund, mit dem ich schmusen kann.

4. Auf die Therapie mit Pferden (Chessy?) warte ich sehnlichst.

5. Für eine Berufsausbildung ist es noch zu früh (Stimmen, Psychopharmaka). Ich gebe mir Zeit, darf mich aber nicht hängen lassen.

6. Meinem schlechten Gewissen beim Essen versuche ich, nicht zu viel Gewicht zu geben. Tagsüber esse ich wenig, abends mit Alex.

7. Ich weiß um meine extreme Verwundbarkeit, wenn Freundschaften kippen oder Bindungen brechen. Ich will standfester werden.

8. Ich befürchte, dass ich *nie* so schlank sein werde, wie es in meinem Kopf weiter irrlichtert. Ich will aber nie wieder in die Psychiatrie.

9. Ich will lernen, mich rundum zu akzeptieren, auch mein Gewicht.

10. Ich möchte in Kopf und Körper beweglich sein für Lernen, Sport und Reisen – und frei sein für *meine* verrückt-verspielten Ideen.

11. Mein Saxophon und ich bringen uns wieder zum Klingen.

12. Ich will mein Leben endlich genießen!

✳

Diese überwiegend silbrigen Aussichten geben mir Selbstvertrauen. Vielleicht kann ich Anorexie-Betroffene »anstecken«, *ihren* Weg zu suchen. Dann wäre es doch ein kleines »Mut-mach-Buch« geworden.

Dank

Viele liebe und liebste Menschen haben mir auch in schlimmsten Zeiten geholfen und stehen stets schützend und unterstützend vor, hinter und neben mir: Mama, Papa, Schwester, mein Freund, Freundinnen und Freunde, mein Psychiater, meine Reittherapeutin und »mein« Pferd Chessy. Ich danke ihnen allen von Herzen!

Frau Andrea Richter danke ich ganz besonders. Als Einzige tritt sie in dem Buch nicht als Person in Erscheinung. Dafür hinterließ sie feine, lesbare Spuren. Mit Sorgfalt und Hingabe nahm sie sich meines Manuskripts und meiner Lebensgeschichte an und machte das Bestmögliche aus meiner »Lebensabschnittsbiografie«.

*

Andrea Richter ist Biografin, Journalistin, Autorin. 2010 wurde ihr der »Deutsche Biographiepreis« verliehen für die Privatbiografie »Meine beiden Leben«. Sie ist Co-Autorin von Andreas Timmer-  mann-Levanas: »Die reden – Wir sterben. Wie unsere Soldaten zu Opfern der deutschen Politik werden« (Campus Verlag, Frankfurt/ New York, 2010). Sie schreibt und gestaltet – meist als »hintergrün- dige« Ghostwriterin – Biografien mit und für Menschen, die ihre Lebensgeschichte(n) in Wort und Bild festhalten wollen.

Andrea Richter ist Mitglied im »Deutschen Biographiezentrum«.

Zeitfracht Medien GmbH
Ferdinand-Jühlke-Straße 7
99095 Erfurt, Deutschland
produktsicherheit@kolibri360.de